Reschreiter

Das einfachste TCM-Kochbuch aller Zeiten

Anna Reschreiter ist Diplom-Ernährungsberaterin nach den 5 Elementen der Traditionellen Chinesischen Medizin, Gründerin einer der bekanntesten Onlineplattformen für TCM-Ernährung im deutschsprachigen Raum und Host des Nr. 1-Podcasts »High 5 für deine gesunde Ernährung«. Sie gilt als Spezialistin, wenn es darum geht, das jahrtausendealte Wissen einfach und alltagstauglich für den modernen Alltag zu vermitteln. In ihren Onlinekursen, Webinaren und dem exklusiven Mitgliederbereich »TCM Freundeskreis« begleitet sie Tausende von Menschen mit praxistauglichem Expertenwissen, viel Freude und Leichtigkeit auf ihrem Weg zu körperlichem und mentalem Wohlbefinden. Anna Reschreiter lebt mit ihrer Familie in Wien und arbeitet online im gesamten deutschsprachigen Raum. Tauche tiefer ein in die Welt der TCM-Ernährung auf *www.annatsu.at*.

Anna Reschreiter

Das einfachste TCM-Kochbuch aller Zeiten

TRIAS

Das Cover-Rezept »Kichererbsen mit roter Paprika und Spinat« finden Sie auf Seite 62.

« Gebackene Birnen mit Marzipan (Seite 118)

Sooooo....

EINFACH!

Willkommen in meiner 5-Elemente-Küche!

Als ich 2009 über das Wissen der Traditionellen Chinesischen Medizin und über die Wirkung unserer heimischen Lebensmittel gestolpert bin, war ich sofort Feuer und Flamme. Mich faszinierten die genialen Zusammenhänge zwischen Körper, Geist und Seele und ich war begeistert von der Erkenntnis, dass ich mit meiner Ernährung und der Wahl der einzelnen Lebensmittel und Kräuter meine Gesundheit selbst in die Hand nehmen kann.

Meine ständig kalten Hände und Füße verschwanden, als ich begann, morgens den kalten Joghurt mit Früchten gegen ein warmes Porridge zu tauschen. Nebenbei verlor ich einige Kilos, als ich anfing, statt der ständigen Salate und der Rohkost regelmäßig warme, gekochte Mahlzeiten zu essen. Und das Faszinierende war, dass mein Heißhunger auf Süßes nach kurzer Zeit stark nachließ. Ich wurde kaum mehr krank, fühlte mich mental stärker und fand mit Hilfe der TCM meine Balance und meine Mitte wieder. Was mich besonders begeisterte, war, dass ich dafür weder auf meine Lieblingsschokolade noch auf Kuchen oder gelegentliche Pizza verzichten musste.

Dieses Buch soll dir einen kleinen Einblick in die wunderbare Welt der TCM-Küche bieten, und das auf eine einfache und vor allem alltagstaugliche Art. Ich habe Gerichte gewählt, die auch ich mit meiner Familie sehr gerne esse, die schnell zubereitet sind, die man gut vorkochen und saisonal anpassen kann. Das Buch soll dich dabei unterstützen, durch das Kochen in deine Mitte zu kommen, denn allein schon das Kochen stärkt deine innere Balance und der Genuss deiner Mahlzeiten nährt deine Mitte.

Ich habe den Theorieteil bewusst kurz gehalten, um den Rezepten viel Raum zu lassen. Wenn du tiefer in die Welt der 5 Elemente, der Lebensenergie Qi, von Yin und Yang eintauchen möchtest, dann schau doch gerne auf meiner Website (Seite 139) vorbei. Dort findest du nicht nur eine umfangreiche Sammlung von Blogartikeln, sondern auch mehr als 200 Folgen meines Podcasts über gesunde TCM-Ernährung. Ich wünsche dir viel Freude beim Nachkochen der Rezepte und dass dir die TCM-Ernährung zukünftig ein treuer Begleiter ist.

Alles Liebe,
Anna

TCM – ganz einfach

Die Traditionelle Chinesische Medizin basiert auf einem jahrtausendealten Wissen, das der TCM-Ernährung zugrunde liegt. Bevor du mit der TCM-Küche startest, möchte ich dir daher kurz die Grundzüge dieser Lehre vorstellen.

Die TCM-Ernährung ist keine Diät und auch kein neumodischer Ernährungstrend, sondern eine Lebenseinstellung. Sie bringt uns den Ursprüngen unserer Lebensmittel und Kräuter näher, verbindet uns mit den Zyklen der Natur und begleitet uns durch all unsere Lebensphasen, indem sie uns bei allen Beschwerden und bei jeder Disbalance in unserem Körper das richtige Lebensmittel und Kraut zur Seite stellt. Wir brauchen dieses traditionelle Wissen einfach nur dankbar anzunehmen und anzuwenden. Die TCM-Ernährung ist viel mehr als eine Ernährungsumstellung, etwa um Gewicht zu reduzieren. Die TCM-Ernährung ist Medizin und Genuss in einem.

Woher kommt die TCM?

Die Traditionelle Chinesische Medizin entwickelte sich vor Tausenden von Jahren in China. Durch Beobachtung der Pflanzen- und Tierwelt, des Klimas und der Jahreszeiten fielen den Menschen Gesetzmäßigkeiten auf, die sie für ihre Gesundheit zu nutzen begannen. So wurden Pflanzen und Lebensmittel ganz bewusst verwendet, um Krankheiten zu behandeln und vor allem, um ihnen vorzubeugen. Von jedem Kraut, Gewürz, Getreidekorn, jeder Gemüse- oder Obstart, von Nüssen, Samen, Pilzen und von tierischen Produkten kennt die TCM die Wirkung und weiß, ob deren Thermik, d. h. deren thermischer Effekt auf den Stoffwechsel, kühlend, erwärmend oder neutral ist.

Nun denken viele Menschen in Europa, dass die TCM-Ernährung exotisch oder kompliziert sei, doch dem ist ganz und gar nicht so. Natürlich können wir alles wissenschaftlich betrachten und hochtrabend verkomplizieren, doch es geht auch einfach und alltagstauglich. Das Wissen um die Heilwirkung der TCM-Küche wurde schließlich auch auf einfache Art von Generation zu Generation in den chinesischen Familien weitergegeben. Genau wie bei uns in Europa. Schon Hildegard von Bingen (1098–1179) hat gesagt: »Was um dich herum wächst, macht dich gesund.« Genau deshalb sollten wir unsere heimischen Pflanzen und Lebensmittel für unser körperliches und geistiges Wohlbefinden nutzen.

Vorbeugen statt Nachsorgen

Früher wurden Ärzte in China nur dann bezahlt, wenn ihre Patientinnen und Patienten gesund waren. Das Vorbeugen gegen Krankheiten ist in der Traditionellen Chinesischen Medizin tief verankert. Um die Gesundheit bis ins hohe Alter zu pflegen und zu erhalten, werden alle fünf Pfeiler der TCM genutzt. Diese Pfeiler sind:

- Ernährung
- Akupunktur
- Kräutertherapie
- Massagen
- Bewegung

Für mich persönlich bildet die Ernährung das Fundament für körperliches und geistiges Wohlbefinden und Gesundheit. Was bringt es mir, mich über Monate einer Akupunkturbehandlung zu unterziehen und TCM-Kräuter einzunehmen, wenn ich nicht gleichzeitig meine Essgewohnheiten ändere und mich weiterhin so ernähre, dass ich meinen Kopfschmerz oder meine Verdauungsbeschwerden eher fördere?

In der TCM suchen Therapeutinnen und Therapeuten, Ärztinnen und Ärzte immer nach dem Ursprung der Krankheiten und versuchen zuerst die Ursache für Disbalancen zu beheben. Viel zu sehr sind wir verwöhnt von schnell wirkenden Arzneimitteln wie etwa einer Schmerztablette, die zwar die Kopfschmerzen lindert, aber nicht die Ursache der Schmerzen behandelt. Der Grund für die Beschwerden ist dann immer noch da und diese können sogar über kurz oder lang heftiger als zuvor wiederkommen.

Um Beschwerden vorzubeugen und fit und vital bis ins hohe Alter zu bleiben, wird mit der TCM-Ernährung primär die »Mitte« und der gesamte Verdauungstrakt genährt, aufgebaut und gestärkt. Die TCM geht davon aus, dass Menschen mit einer starken Mitte nicht nur widerstandsfähiger sind, sondern besser mit Beschwerden umgehen können und schneller wieder in Balance kommen als Menschen, die eine schwache Mitte haben und zu Verdauungsproblemen neigen. Über die Mitte werden nicht nur Wärme (Yang), unsere Lebensenergie (Qi) und kostbare Körperflüssigkeiten wie Blut oder Gelenkschmiere (Yin) produziert, sondern durch sie wird auch ein starkes Immunsystem aufgebaut.

Was »die Mitte« in der TCM bedeutet

Deine Mitte ist dein Körperzentrum und umfasst den Bereich rund um deinen Bauchnabel. Wenn wir in der TCM von einer »starken Mitte« sprechen, dann beziehen wir uns auf eine kraftvolle Verdauung, einen aktiven Stoffwechsel, regelmäßigen, wohlgeformten Stuhl und ein rundum gutes Bauchgefühl. Eine schwache Mitte geht mit einer verlangsamten Verdauung einher, mit meist weichem Stuhl, häufigem Blähbauch und vielleicht sogar regelmäßigen Bauchschmerzen.

Deine Mitte steht nicht nur in direkter Verbindung mit deiner Verdauung, sondern auch mit deinem gesamten Wohlbefinden, der Qualität deines Schlafes, deinem Energielevel, deinem Immunsystem und sogar deinen Emotionen. Deine Mitte steuert die Produktion von Wärme (Yang) und Lebensenergie (Qi). Und über deine Mitte werden Körpersäfte und Körpersubstanz (Yin) produziert: Blut, Knochen,

Das duale Prinzip von Yin und Yang

Yin und Yang zeigen uns, wie alles miteinander in Verbindung steht. Du findest die Prinzipien von Yin (das für Kälte, Ruhe, Dunkelheit, Weiblichkeit und Wasser steht) und Yang (das für Wärme, Aktivität, Helligkeit, Männlichkeit und Feuer steht) überall in deinem Alltag: in der Natur, dem gesamten Universum, in jeder Mahlzeit, jeder Lebensphase und sogar in jedem deiner Organe und allen Zellen. Alles bedingt sich gegenseitig. Nichts steht für sich allein. So braucht es das Sonnenlicht für den Schatten und die Dunkelheit für das Licht. Es sind die Übergänge, Schattierungen und die Quellen für Wandlung, die dir überall begegnen: So spüren wir zum Ende des Winters bereits den ersten Funken von Frühlingsenergie und im Sommer den Übergang zum Herbst. Halte deine Augen neugierig offen und entdecke das Wunder von Yin und Yang in deinem Alltag. Es ist nicht alles nur schwarz oder nur weiß.

Muskeln, Sehnen, Zähne, Gehirnmasse, die Befeuchtung für Haut, Schleimhäute und Gelenke. Wie schafft deine Mitte das alles? Die TCM erklärt uns diese Abläufe sehr einfach in Form des »Kochtopfmodells«.

Dein innerer Kochtopf

Was tust du, wenn du eine Suppe kochen möchtest? Du gehst in die Küche, stellst einen Topf auf deine Herdplatte, füllst den Topf mit Gemüse, Kräutern, Gewürzen und Wasser, setzt den Deckel darauf und schaltest die Herdplatte an. Dein Herd erzeugt Wärme und heizt deine Zutaten auf, bis deine Suppe zu kochen beginnt. Dampf steigt auf, der vom Deckel aufgefangen und als Flüssigkeit wieder in den Topf geleitet wird. Wenn deine Suppe lange genug gekocht hat, ist das Gemüse gar und deine Suppe fertig. Wenn du sie isst, wirst du nicht nur gesättigt, sondern dir ist auch wohlig warm und du fühlst dich voller Energie.

Aus Nahrungs- und Atmungsenergie entsteht Wärme (Yang)

Übertragen auf deine Verdauung, passiert im Prinzip genau das Gleiche in deiner Mitte. Dein Magen ist quasi dein »Kochtopf«. Alles, was du isst, landet in deinem Magen und wird auf Betriebstemperatur erwärmt. Das erledigt deine Nierenenergie, dein Nierenfeuer. Alle kostbaren Säfte, die nun aus deinem »Magentopf« aufsteigen, werden von deiner Lungenenergie aufgefangen. Diese bildet quasi den Deckel, verbindet die kostbaren Säfte, die aus deinem Magen aufsteigen, mit Atmungsenergie, die bestenfalls durch Bewegung an der frischen Luft entsteht. Aus dieser Kombination von Nahrungs- und Atmungsenergie entsteht pure Lebensenergie, die deine Lunge in deinen gesamten Körper leitet – bis zu deinen Händen und Füßen, die vielleicht oft kalt sind. Deine Lunge leitet alle entstandenen kostbaren Körpersäfte an deine Organe, Gelenke, Muskeln, Sehnen, an deine Haut, deine Haare, in jede Zelle deines Körpers weiter. Die entstandene Energie baut auch dein Abwehrsystem auf und stärkt es.

Stress für die Mitte: kühlende Mahlzeiten

Deine Nieren als »Herdplatte« werden ebenso mit Energie versorgt, damit sie deinen Nahrungsbrei konstant auf Körpertemperatur erwärmen können. Wenn du dich nun vorwiegend von kühlenden Mahlzeiten ernährst, dann wird deine Nierenenergie ordentlich gefordert. Sie muss ständig heizen. Tägliche Brotmahlzeiten, Salate zur Hauptspeise, Joghurt mit Früchten und eiskalte Getränke machen es deiner Mitte also schwerer, Energie und Wärme zu produzieren. Deine Nierenenergie erschöpft sich über kurz oder lang, deine Mitte wird müde, dein gesamter Verdauungstrakt wird kraftlos und träge, dein Nahrungsbrei bleibt darin viel zu lange liegen und beginnt zu »gären« – Nässe, Schleim und Schlacken entstehen. Die Nässe erzeugt einen Blähbauch, ein Völlegefühl, sammelt sich in deinem Gewebe, zaubert das eine oder andere Kilo zu viel auf deine Hüften und vor allem macht dich diese Nässe müde, träge und antriebslos. Sie dämpft deine Energie und Lebensfreude, legt sich über dich wie ein »feuchter Nebel«. Vielleicht kennst du die Situation auch: Nach einer Schüssel Salat zu Mittag bist du müde und könntest dich sofort hinlegen und schlafen, anstatt voller Energie in den Nachmittag zu starten. Isst du jedoch regelmäßig warme, gekochte Mahlzeiten, so wird deine Nierenenergie unterstützt und gestärkt.

Lebensenergie durch Schlaf und herzerwärmende Tätigkeiten

So beeinflussen deine Essgewohnheiten und deine Atmung all diese lebensnotwendigen Prozesse in deinem Körper. Ich zähle die Energie aus deinem Schlaf und aus den sogenannten »herzerwär-

DAS KOCHTOPFMODELL

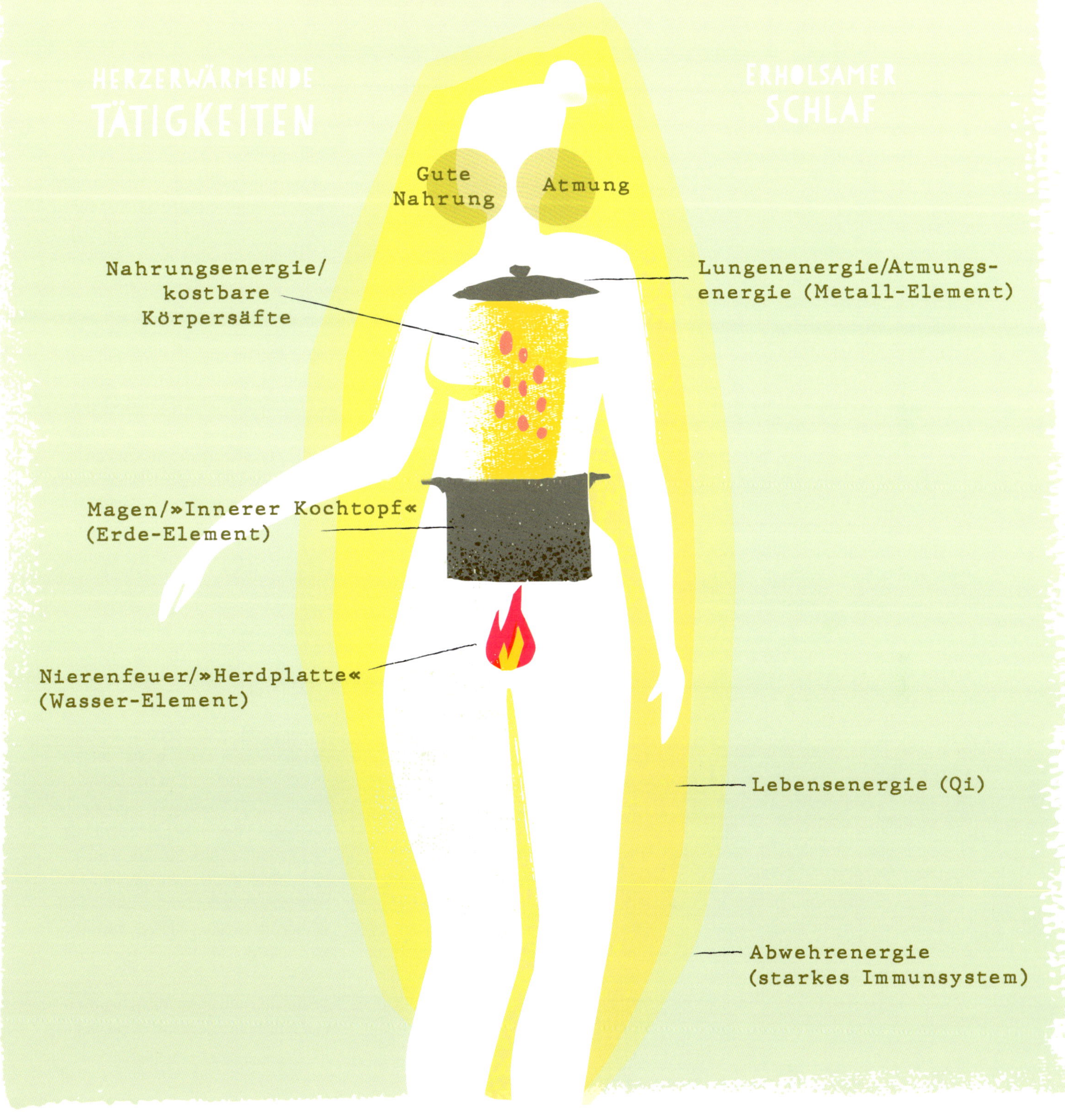

menden Tätigkeiten« auch dazu. Durch tiefen und erholsamen Schlaf werden deine Selbstheilungsprozesse aktiviert. Schlaf gilt in der TCM als die natürlichste Medizin. Herzerwärmende Tätigkeiten nähren deinen Geist und deine Seele. Du tankst diese positive Energie, wenn du deinen Hobbys nachgehst, singst, lachst, musizierst, Freundschaften pflegst und Dinge tust, die dein Herz erfüllen. Meiner Erfahrung nach kannst du dich noch so ausgewogen ernähren, noch so viel Sport machen: Wenn du dabei keine Freude empfindest, dann wird auch die Energie in deinem Körper nicht völlig frei fließen können. In der TCM versuchen wir deshalb nicht nur die Mitte zu stärken, sondern so zu leben, dass auch die Lebensenergie Qi frei im Körper fließen kann.

Ich bin davon überzeugt, dass ein Stück Kuchen eine ganz andere Wirkung auf deinen Körper haben kann, wenn du es nicht mit schlechtem Gewissen isst und dir im Anschluss Vorwürfe machst, sondern wenn du es mit voller Freude genießt. Beim ganz bewussten Genießen wirst du aufmerksamer gegenüber deinen Körpersignalen und merkst, wenn du satt bist, wann du wieder Hunger verspürst oder Appetit auf etwas ganz Spezielles hast.

Wenn alles rundläuft, dann bist du in deiner Mitte, in Balance, in einem allgemeinen Wohlbefinden, auch wenn es mal da oder dort zwickt. Ein Mensch, der ganz gut in seiner Balance ist und auf seine starke Mitte vertrauen kann, schafft es für gewöhnlich sehr gut, das eine oder andere Ungleichgewicht auszubalancieren. Einer der Schlüssel dazu ist die Ernährung, da sie die Basis für eine starke Mitte schafft.

Häufig werde ich gefragt, ob die TCM-Ernährung exotisch und kompliziert sei, doch das ist sie nicht. Es ist meine Herzensmission, die TCM-Ernährung so einfach und alltagstauglich wie möglich vorzustellen. In diesem Buch findest du viele Tipps, wie du die TCM-Küche entspannt in dein Leben integrieren kannst.

Die 5 Elemente und ihre Zuordnungen

Wasser, Holz, Feuer, Erde und Metall sind die 5 Elemente der Traditionellen Chinesischen Medizin. Den Elementen werden nicht nur Organe zugeordnet, sondern ganze Funktionskreise, die zum Beispiel alle Lebensmittel, ebenso Geschmäcker, Emotionen, Jahreszeiten, Farben, Gerüche und unsere Lebensphasen beschreiben.

Leben im Kreislauf der Natur

Im Kreislauf der 5 Elemente zu leben, heißt für uns, im Kreislauf der Natur zu leben, uns möglichst saisonal zu ernähren, auf unsere Energie, unseren Schlaf und unser Umfeld achtzugeben. Wenn sich zum Beispiel die Natur im Winter, der dem Element Wasser zugeordnet ist, zurückzieht, dann haben auch wir das Bedürfnis, leisezutreten, länger zu schlafen und es uns zu Hause besonders gemütlich zu machen. Hingegen im Sommer, der dem Feuer-Element zugeordnet ist, zieht es uns nach draußen, wir sprühen vor Lebensenergie und Tatendrang, weil wir sie im besten Fall in den kalten Monaten geschont und unsere »Batterien« neu aufgeladen haben. Je gestärkter und ausgeglichener du in den einzelnen Elementen bist, desto ausgewogener ist dein körperliches, geistiges und emotionales Wohlbefinden.

Im Holz-Element erleben wir unsere Kindheit

Holz will wachsen, genauso wie Kinder auf körperlicher und geistiger Ebene wachsen und sich entfalten wollen. Dem Holz-Element werden die Organe Leber und Gallenblase zugeordnet, ebenso der saure Geschmack und die Emotionen Ärger, Frust und Zorn. Da saure Lebensmittel die Leber kühlen und dadurch entspannen – wir alle kennen den Spruch »Sauer macht lustig« –, ist es gut, wenn du immer wieder Saures in deinen Speiseplan aufnimmst; so kannst du diese negativen Emotionen etwas beruhigen, denn der saure Geschmack sorgt für Stabilität. Sauer schützt aber auch deine Energie und bewahrt kostbare Säfte in deinem Körper. Somit sind Früchtetees oder Wasser mit Zitronensaft im Sommer nicht nur erfrischend, sondern sie helfen dir auch, deine kostbaren Körpersäfte zu bewahren, wenn du viel schwitzt.

Im Feuer-Element erleben wir die Studien- und Lehrzeit

Hier müssen wir sehr auf unsere Herzenergie achtgeben, denn durch langes nächtliches Lernen beispielsweise können wir regelrecht »ausbrennen«, was unsere geistige Klarheit und innere Ruhe beeinträchtigt. Der bittere Geschmack sowie die Organe Herz und Dünndarm werden dem Feuer-Element zugeordnet. Bitteres fördert die Energiebewegung nach unten und hilft dem Körper, nicht nur den Nahrungsbrei und die Flüssigkeiten abwärtszuleiten, sondern auch die »trüben Säfte« über die Harnwege auszuscheiden. Der bittere Geschmack wirkt somit verdauungsfördernd, weshalb du diesen Prozess durch Kaffee oder Kräutertees wie zum Beispiel Brennnesseltee unterstützen kannst.

Bitteres lieber nur maßvoll verzehren

Vorsicht: Bitter wirkt auch austrocknend, daher solltest du Lebensmittel mit dieser Geschmacksrichtung nicht im Übermaß einsetzen und vor allem bei Trockenheitssymptomen wie brüchigen Haaren und Nägeln oder trockenem Husten zu viel Hirse, grünen und schwarzen Tee, Kaffee, aber auch übermäßigen Rotweinkonsum vermeiden. Hast du zu viel Nässe in deinem Körper, dann empfehle ich dir, Getreide vor dem Garen anzurösten. Es werden dadurch Bitterstoffe freigesetzt, was wiederum die Harnwege anregt und Nässe effektiver ausleitet.

Im Erwachsenenalter befinden wir uns im Erde-Element

Im Erde-Element finden wir heraus, was uns zentriert und was uns glücklich macht. Wir stehen mit beiden Beinen fest im Leben und gründen vielleicht eine Familie. Dem Erde-Element werden der süße Geschmack sowie die Organe Milz und Magen zugeordnet. Süßes wie zum Beispiel Honig oder Trockenfrüchte wirkt befeuchtend und dadurch unterstützend bei Trockenheitssymptomen. Vorsicht ist aber angesagt, wenn du zu Nässe und Schlacken neigst. Nässe in deinem Körper macht sich zum Beispiel durch ein schwaches Gewebe, die Neigung zu Cellulite, Müdigkeit und Antriebslosigkeit oder durch unerwünschte Gewichtszunahme bemerkbar.

Im Metall-Element sind wir im fortgeschrittenen Alter

Hier lehnen wir uns zurück und teilen unsere Weisheiten und Erfahrungen mit den jüngeren Generationen. Der scharfe Geschmack

DIE 5 ELEMENTE
UND IHRE ZUORDNUNGEN

sowie die Organe Lunge und Dickdarm werden dem Metall-Element zugeordnet. Deine Lungenenergie ist nach der Traditionellen Chinesischen Medizin für dein Immunsystem zuständig. Diese Energie wird besonders durch den scharfen Geschmack freigesetzt. Wenn du erkältet bist, solltest du daher scharfe Lebensmittel nutzen, da sie schweißtreibend wirken und deine Hautporen öffnen, sodass du krank machende Stoffe aus deinem Körper ausschwitzen kannst. Zwiebeln, Knoblauch, Rettich, Radieschen, Kohlrabi und Gewürze wie Chili, Pfeffer, Muskat und Ingwer gehören zum Metall-Element.

Im Wasser-Element werden wir gezeugt, erleben Tod und Wiedergeburt

Der salzige Geschmack sowie die Organe Niere und Blase werden dem Wasser-Element zugeordnet. Der salzige Geschmack wirkt in kleinen Mengen aufweichend und schleimlösend, in großen Mengen allerdings austrocknend. Wenn du also zu viel Salziges isst, dann trocknest du deinen Körper zu sehr aus. Gleichzeitig entsteht oft Heißhunger auf Süßes. Das ist der Fall, weil der Körper nach zu salzigem Essen intuitiv nach einem Ausgleich verlangt. Nach der austrocknenden Wirkung von Salz fordert der Körper die befeuchtende Wirkung von Süßem. Das macht sich gerne abends auf der Couch bemerkbar, wenn du nach der Packung Chips auch noch eine Tafel Schokolade öffnest. Der salzige Geschmack kann aber auch abführend wirken. Sicher hast du schon von dem Glaubersalz gehört, das gerne zum Abführen verwendet wird. Ich empfehle dir allerdings, auf Glaubersalz zu verzichten, denn es ist von der thermischen Wirkung her eiskalt und kann deine Mitte enorm schwächen.

Was westliche und TCM-Ernährung unterscheidet

Es gibt ein paar wesentliche Unterschiede zwischen westlicher und traditioneller chinesischer Ernährung, die oft Fragen aufwerfen und für die eine oder andere Unsicherheit sorgen. Diese möchte ich hier aufgreifen und vor allem aus dem Weg räumen.

1. Thermik der Lebensmittel statt einer Ernährungspyramide In der TCM-Küche orientieren wir uns an keiner Ernährungspyramide, sondern hauptsächlich an der Thermik der Lebensmittel und Gewürze. Im Sommer, in »heißen« Lebensphasen (Pubertät, Stillzeit, Wechseljahre) oder bei Hitzesymptomen (z. B. Entzündungen, Infektionskrankheiten oder Neurodermitis) ist es unterstützend, zu erfrischenden Lebensmitteln zu greifen. Das können Beerenfrüchte, Melonen, Gurken, Tofu, Joghurt oder Hülsenfrüchte sein.
In den kalten Wintermonaten und bei Kältesymptomen, wie einer schlechten Verdauung und schwachen Mitte, einer Erkältung, einer Schilddrüsenunterfunktion oder bei Übergewicht, zahlt es sich aus, vermehrt auf wärmende Lebensmittel und regelmäßig gekochte Mahlzeiten zu achten. Ein warmer Frühstücksbrei mit Haferflocken, wärmende Suppen, Currys, Kraftsuppen, Fleisch und Fisch vertreiben Kälte, nähren und stärken.

2. Sattessen statt Kalorienzählen In der TCM zählen wir keine Kalorien. Wir essen uns satt, um unsere Mitte und den gesamten Verdauungsapparat zu stärken. Die TCM geht davon aus, dass ein Mensch mit einer starken Mitte sich gut selbst in Balance bringen kann und bei einem Ungleichgewicht im Körper oder bei Krankheiten widerstandsfähiger ist. Vor allem wenn es um Gewichtsreduktion und um das Halten des Gewichts geht, beginnen wir gerne Kalorien zu zählen und aufzuschreiben, gegen verbrauchte Kalorien zu tracken. Aus eigener Erfahrung stelle ich das auf Dauer in Frage und empfehle: Iss regelmäßig, möglichst saisonal, bunt und ausgewogen, bis du satt bist, und dann höre auch auf zu essen. Ja, das erfordert auch Disziplin und vor allem

Achte auf dein Bauchgefühl

Das viel zitierte »Bauchgefühl« haben wir leider viel zu oft verloren – oder es wurde uns früh aberzogen mit Aussagen wie: »Was auf dem Teller ist, wird auch gegessen!« Vielleicht hast du als Kind auch erlebt, dass du mit Süßigkeiten belohnt oder mit Entzug bestraft wurdest. Ich wünsche mir für dich, dass du durch die TCM-Ernährung wieder ein gutes Bauchgefühl entwickelst, gut in deiner Mitte ruhst und dein Wohlgefühl findest.

brauchst du dafür eine Verbindung mit deiner Mitte und deinem Bauchgefühl.

3. Gekochte Mahlzeiten statt zu viel Rohkost In der TCM orientieren wir uns nicht an Vitaminen, Mineral- und Nährstoffen in den Speisen, weshalb wir zum Beispiel unsere Suppen gerne auch zwei oder mehr Stunden kochen, bis daraus richtige Kraftsuppen entstehen. Der Gedanke dahinter ist, dass durch das lange Kochen die gesamte Energie (Qi) aus Gemüse, Fleisch und Knochen in die Suppe übergeht und nach dem Verzehr unsere Verdauung sowie die Mitte stärkt. Was bringt es, die schönsten Biokarotten zu knabbern, wenn deine Mitte zu müde und zu träge ist, um sie zu verstoffwechseln, du einen Blähbauch und vielleicht sogar Durchfall bekommst von zu viel Rohkost, die dein Körper nicht verarbeiten kann? Eine kraftvolle Mitte wird durch regelmäßige, warme, gekochte Mahlzeiten gestärkt und verträgt dann auch gut Rohkost und Ungekochtes, zum Beispiel als Beilage.

4. Reduktion von Kohlenhydraten statt häufiger Brotmahlzeiten In der TCM reduzieren wir Brot, Nudeln und Kohlenhydrate aus industriell stark verarbeiteten Produkten sowie auch Zucker. Der Grund dafür ist, dass sich aus Sicht der TCM durch zu viel Brot, Teigwaren und Zucker Nässe und Schlacken im Körper ansammeln können. Diese belasten die Mitte, verlangsamen die Verdauung, führen zu Blähbauch, Völlegefühl und Übergewicht.

In der TCM-Küche wird gerne mit vollwertigem Getreide gekocht. Wir nutzen möglichst natursüße Lebensmittel wie Trockenfrüchte, Honig, Gerstenmalz, Dattelsirup, aber auch die Süße von Gemüse. Auch Getreide ist süß, wenn wir es lange kauen. Wir haben es nur leider verlernt, diese dezent schmeckende Süße wahrzunehmen und als befriedigend zu schätzen. Wenn du beginnst, deine abendliche Brotmahlzeit durch eine warme Suppe oder ein Wokpfannen-Gericht zu ersetzen oder dein Frühstücksbrötchen mit Marmelade durch ein warmes Porridge mit Früchten, isst du automatisch weniger Brot. Deine Mitte wird es dir danken! Das heißt aber nicht, dass du nicht auch mal ein klassisches Frühstück mit Marmeladesemmel oder Schokocroissant genießen kannst.

5. Pflanzenmilch statt Kuhmilch In der TCM reduzieren wir Milchprodukte gerne auf ein Minimum. Kuhmilch gilt als stark befeuchtend. Wenn zu viel davon getrunken oder gegessen wird, können schnell Nässe und Schlacken gefördert werden. Besser ist es, auf Pflanzenmilch umzusteigen. Kuhmilch wird in der TCM gerne therapeutisch eingesetzt, wenn es um Trockenheit im Körper geht. Bei trockenem Husten oder Reizhusten kann ein kleines Glas warmer Milch mit Honig sehr wohltuend sein, weil es die Lunge und die Atemwege befeuchtet.

6. Regelmäßige Mahlzeiten statt Dinner-Cancelling In der TCM lassen wir keine Mahlzeiten »absichtlich« aus, um zum Beispiel abzunehmen. Wir hungern auch nicht, sondern ganz im Gegenteil: Wir essen uns satt. Dies ist wichtig zur Stärkung deiner Mitte und des gesamten Verdauungstrakts. Deine Mitte liebt die

Regelmäßigkeit und schöpft daraus zusätzliche Energie und Kraft. Was »regelmäßig« bedeutet, kann ganz individuell sein und hängt von der jeweiligen Lebensphase, dem Tagesrhythmus und auch der Jahreszeit ab. Deshalb achte gut auf deine Mitte und finde für dich persönlich heraus, wie viele Mahlzeiten am Tag dich satt und glücklich machen.

Welcher Konstitutionstyp bist du?

Es ist von Vorteil, wenn du dir deines Konstitutionstyps bewusst bist. Mit diesem Wissen kannst du noch tiefer in die Traditionelle Chinesische Medizin und die TCM-Ernährung eintauchen und damit sogar bei Krankheiten Unterstützung erfahren. Jeder Mensch wird mit seiner ganz individuellen Konstitution geboren. In der TCM kennen wir vier Haupttypen: Den Kälte-, den Hitze-, den Nässe- und den Trockenheitstyp.

- Der **Kältetyp** neigt zu kalten Händen und kalten Füßen, einem schwachen Immunsystem, häufigen Erkältungen und laufender Nase. Dadurch, dass die Kälte im Körper die Mitte und den gesamten Verdauungstrakt abkühlt und verlangsamt, kommt es auch zu Verdauungsbeschwerden wie Blähbauch und weichem Stuhl sowie Übergewicht, häufiger Müdigkeit und Trägheit. Regelmäßige, warme, gekochte Mahlzeiten sind für den Kältetyp besonders wichtig, damit die Mitte und der gesamte Verdauungstrakt gut gewärmt und gestärkt werden.
- Der **Hitzetyp** hat zu viel Hitze im Körper, die sich häufig in roten, entzündeten Hautstellen äußert; sie zeigt sich in Entzündungen des Magens und Darms oder der Gelenke, in Infektionskrankheiten, Kopfschmerzen, in der Neigung zu Verstopfung oder häufigem Schwitzen, innerer Unruhe, Zorn oder Wut. Dieser Typ sollte scharfe Gewürze, Wurst, Fleisch und Alkohol stark reduzieren. Hier gilt es, die Hitze zu lindern und regelmäßig erfrischende Lebensmittel zu konsumieren: Salate, Obst, Joghurt, aber auch »saftige« Speisen, die unsere Körpersäfte nähren, wie Suppen, Kompotte und Eintöpfe.
- Der **Nässetyp** neigt verstärkt zur Ansammlung von Nässe und Schlacken im Körper, kämpft häufig mit Übergewicht, einem schwachen Bindegewebe, weichem Stuhl, großporiger Haut, Müdigkeit und Antriebslosigkeit. Was im ersten Schritt einer Ernährungsumstellung berücksichtigt werden sollte, ist die Reduktion von Zucker, Milchprodukten, Weizen und Fertigprodukten. Sobald die Mitte und der Verdauungstrakt mit regelmäßigen, warmen, gekochten Mahlzeiten gestärkt wird, kann der Körper die angesammelte Nässe viel besser ausleiten. Verdauungsfördernde Gewürze wie Fenchel, Kümmel, Rosmarin, Kardamom oder Thymian unterstützen bei zu viel Nässe im Körper.
- Auch der **Trockenheitstyp** hat meist zu viel Hitze im Körper. Hitze trocknet aus und fördert trockene Haut, trockene Schleimhäute, Haare und Nägel, eine trockene Lunge mit Neigung zu Reizhusten, ebenso Verstopfung, Abmagerung und innere Unruhe bis hin zu Schlafproblemen. Hier gilt es, achtsam kostbare Körpersäfte aufzubauen – mit regelmäßigen Mahlzeiten und ihrer Zubereitung mit möglichst viel Flüssigkeit, mit milden Gewürzen, rotem und grünem Gemüse, Obst, Trockenfrüchten und Nüssen.

Deine Konstitution ist so individuell, wie du es bist. Deshalb ist es ganz normal, wenn du Symptome mehrerer Typen hast. Achte dann besonders darauf, regelmäßig zu essen, und zwar gekochte und mild zubereitete Speisen.

Starte noch heute mit deiner TCM-Küche

Wie kannst du nun dieses Wissen in die Praxis umsetzen und vor allem so einfach wie möglich, damit es in deinen ganz individuellen Alltag passt? Ein bisschen Planung ist hier ganz hilfreich.

Egal, ob du berufstätig bist, noch studierst oder eine Familie bekochst – die Prinzipien der TCM-Ernährung lassen sich für jeden Menschen umsetzen.

Sei liebevoll und geduldig auf deinem Weg

Diese drei Gedanken sind mir so wichtig, dass ich sie dir vorab auf den Weg mitgeben möchte:

Gehe Schritt für Schritt vor Versuche nicht, alles auf einmal umzukrempeln. Ich weiß, wenn wir von etwas begeistert sind, möchten wir häufig alles auf einmal und jetzt sofort umsetzen. Dann wird begeistert warmes Frühstück gekocht, auf jeglichen Zucker verzichtet, werden Gewürze und Kräuter ausprobiert … und irgendwann geht dir die Puste aus und die Lust verloren. Beginne zuerst mit einer einzigen Veränderung. Wenn dich das warme Frühstück anspricht, dann konzentriere dich mal nur darauf. Probiere die Rezepte aus der Frühstückskategorie aus, iss gerne einmal eine Suppe zum Frühstück und achte ganz bewusst ein paar Wochen lang darauf, wie dein Körper und deine Verdauung diese Veränderung annehmen. Und erst wenn das warme Frühstück in deinen Alltag integriert ist, wende dich der nächsten Veränderung zu.

Übe dich in Geduld Sei geduldig mit dir, mit deinem Körper und mit deinem Umfeld. Führe dir ganz ehrlich vor Augen, wie lange du dich bereits so ernährst, wie du dich ernährst, wie lange du unzufrieden bist mit deinem Blähbauch, deiner Verdauung, deiner Haut oder deinem Energielevel. Ein Jahr? Fünf Jahre? Schon dein halbes Leben? Dann gib dir und deinem Körper die Zeit, die Ernährungsumstellung wirken zu lassen. Nicht umsonst heißt es: »Der Weg ist das Ziel«, und auf deinem Weg beobachte dich liebevoll, neugierig und geduldig. Und auch mit deinem Umfeld darfst du liebevoll und geduldig umgehen. Versuche auf der einen Seite nicht zu bekehren oder zu belehren und auf der anderen Seite bleib gelassen, wenn deine Ernährungsumstellung belächelt oder nicht unterstützt wird.

Ausnahmen sind erlaubt Sei nicht zu streng mit dir und versuche, auf Verbote zu verzichten. Keine Ernährungsumstellung muss zu 100 Prozent perfekt sein! Hast du Lust auf eine Semmel mit Marmelade zum Frühstück? Geht dir seit Tagen deine Lieblingstiefkühlpizza nicht aus dem Kopf? Bist du zu Kaffee und Kuchen eingeladen? Dann genieße es! Viel wichtiger und zielführender ist es, wenn du dir mit Genuss Ausnahmen »erlaubst«. Als Richtwert kannst du dich an der 80 : 20-Regel orientieren: An 80 Prozent der Woche genießt du zum Beispiel ein warmes Frühstück und an 20 Prozent der Woche Croissant und Co. An fünf Abenden in der Woche genießt du eine warme Suppe, Wok-Gemüse mit gedünstetem Fisch oder ein saftiges Curry und an zwei Abenden eine klassische Brotmahlzeit oder deine Lieblingspizza.

Mach dir auch im Urlaub keinen Stress. Die TCM-Ernährung

bestimmt deinen Speiseplan in den 46 Wochen rund um deinen Urlaub herum und stärkt deine Mitte. Dann wird dich das eine oder andere Eis nicht aus deiner Mitte bringen.

Los geht's!

Um deinen genauen Konstitutionstyp zu bestimmen, empfehle ich dir, eine persönliche TCM-Ernährungsberatung in Anspruch zu nehmen. Durch ein detailliertes Diagnostikgespräch, eine Gesichts-, Zungen- und eventuell auch eine Pulsdiagnose sparst du viel Zeit für Recherche, du ersparst dir eigene Fehldiagnosen und gehst gleich in die richtige Richtung mit den besten Ernährungs-, Lebensmittel-, Kräuter- und Kochtipps für dich ganz persönlich.

Mache eine Wochenplanung zu deiner Routine. Das spart viel Zeit, Energie und Geld. Gehe am besten in diesen Schritten vor:

- Schreibe alleine oder zusammen mit deiner Familie alle Lieblingsspeisen auf. Was darf immer wieder mal auf dem Teller landen?
- Welche neuen Speisen möchtest du im Rahmen deiner TCM-Ernährungsumstellung in deinen Speiseplan integrieren?
- Schau in deinen Kalender und markiere dir Tage, an denen du auswärts isst und deshalb nicht kochen musst.
- An welchen Tagen bist du zu Hause? Plane für diese Tage ein Frühstück, Mittagessen, Abendessen und eventuell auch gleich Snacks ein.
- Blocke Zeitfenster in deinem Kalender: Wann hast du Zeit zum Einkaufen? Wann hast du Zeit und auch die Energie zum Vorkochen? Es reicht, zwei bis drei Timeslots in der Woche fürs Vorkochen einzuplanen.
- Nun folgt ein Vorratskammer- und Kühlschrank-Check: Was ist da? Was fehlt und muss eingekauft werden?

Und dann kannst du schon loslegen!

Vorkochen ist die halbe Miete

Im Grunde ist die Basis der TCM-Ernährung so einfach, weil regelmäßige, gekochte Mahlzeiten die Grundlage für deine Balance darstellen, egal, ob du zu Kälte, Hitze, Nässe oder Trockenheit in deinem Körper neigst. Zusätzlich die für dich optimalen Lebensmittel, Kräuter und Gewürze zu nutzen ist das Tüpfelchen auf dem i. Wenn du regelmäßig gekochte Mahlzeiten zu dir nimmst, nährst und stärkst du deine Mitte und deinen gesamten Verdauungstrakt. Eine starke Mitte kann sowohl Wärme als auch kostbare Körperflüssigkeiten produzieren, die nicht nur Trockenheit ausgleichen, sondern auch Hitze mildern. Und zusätzlich kann eine starke Mitte viel besser Nässe und Schlacken transformieren und ausleiten.

Vielleicht denkst du dir jetzt: »Puh! Jeden Tag warme, gekochte Mahlzeiten zu essen bedeutet, jeden Tag mehrmals in der Küche zu stehen. Dafür habe ich keine Zeit!« Da kann ich dich beruhigen: Mit zwei bis drei Zeitfenstern, in denen du für die nächsten paar Tage vorkochst, kommst du wirklich gut durch die ganze Woche. Dazu findest du im Rezeptteil zahlreiche inspirierende Gerichte, die du gleich ausprobieren und für mehrere Tage vorkochen kannst.

Und hier noch ein paar Tipps für dich, die deinen Alltag bestimmt zusätzlich vereinfachen:

- Bereite das warme Frühstück immer schon am Vorabend zu und koche gleich mehrere Portionen vor. Das kann ein Topf Suppe sein, die du zum Abendessen genießt, dann am nächsten Morgen fürs Frühstück aufwärmst und am darauffolgenden Tag in einem Thermobehältnis zur Arbeit für die Mittagspause mitnimmst. Auch das Porridge

Kaufe bevorzugt saisonales Obst und Gemüse

Orientiere dich beim Einkaufen am besten am saisonalen und, wenn möglich, regionalen Angebot. Gemüse, Obst und Beeren, die du in der Zeit einkaufst, in der sie auch reif sind, wirken unterstützend auf deinen Körper. Die TCM orientiert sich immer an der Saisonalität und somit auch an der Thermik der Lebensmittel. Tomaten, Gurken und Zucchini sind in unseren Breiten im Sommer reif, kühlen und erfrischen uns und vertreiben die Sommerhitze. In den kalten Wintermonaten zu diesen Gemüsesorten zu greifen, ist aus Sicht der TCM nicht empfehlenswert. Besser sind da alle Kohlsorten und auch Wurzelgemüse wie Karotten, Rote Bete oder Fenchel, die wärmen und Kälte vertreiben. Gemüse, Obst und frische Kräuter kaufst du am besten auf dem Wochenmarkt oder im Bioladen.

bereite am besten am Vorabend vor. Dadurch sparst du morgens immens viel Zeit, weil du nicht mehr extra kochen musst. Du wärmst nur noch eine Portion in einem Topf auf. Nimm am besten eine zusätzliche Portion in einem Schraubglas zur Arbeit mit. So hast du bereits einen Snack für den Nachmittag.

- Koche Suppen und Kraftsuppen am besten in deinem größten Topf. Dann musst du zwar ein bisschen mehr Gemüse schnippeln, die Kochzeit jedoch ist die gleiche. Und du hast einige Portionen gleich auf Vorrat, wenn du die heiße Suppe in saubere Gläser abfüllst, luftdicht verschließt und dadurch – kühl aufbewahrt – für Wochen haltbar machst.
- Vollwertiges Getreide kommt häufig viel zu selten auf den Teller. Probiere dich doch mal durch die verschiedensten Getreidesorten und nutze sie als wertvolle Beilage neben Gemüse und Hülsenfrüchten oder als sättigende Einlage in Suppen. Reis unterstützt dich zum Beispiel bei Nässe, das Pseudogetreide Quinoa ist eine wunderbar leicht verdauliche Eiweißquelle. Grünkern stärkt deine Leber und fördert den Blutaufbau und Haferflocken schmecken nicht nur als Porridge, sondern auch in Suppen. Haferflocken wärmen, stärken dein Immunsystem und wirken bei Kindern wachstumsfördernd. Koche am besten immer einen großen Topf Getreide vor.
- Neben Suppen und Getreide kannst du auch Gemüse in größerer Menge vorkochen. Gemüse passt mit Getreide und Hülsenfrüchten zu Fisch, Fleisch und jedem vegetarischen Gericht.
- Sind von den letzten Mahlzeiten noch Reste da und du hast keine Lust, wieder das Gleiche zu essen? Dann zaubere doch einen Auflauf daraus. Fülle Reste von Gemüse, Fleisch, Tofu oder Getreide in einen Strudelteig und genieße deinen Strudel mit einer Joghurt-Kräuter-Sauce. Viele Reste lassen sich auch wunderbar in Reispapier rollen, als Summer Roll genießen und sogar als Mahlzeit für unterwegs mitnehmen.
- Nutze auch vermeintlichen Bio-Abfall, um deine Mitte in Balance zu bringen. Trockne die Schale deiner Bio-Orange, übergieße einen Teelöffel davon mit heißem Wasser für Tee oder verwende die getrocknete und geriebene Orangenschale im Porridge, in Eintöpfen, Fleisch- und Gemüsegerichten. Getrocknete Orangenschale wirkt wunderbar verdauungsfördernd, ist aromatisch und regt den Appetit an. Getrocknete Apfelschale kannst du mit heißem Wasser überbrühen und als erfrischenden Tee im Sommer genießen. Gurkenschalen in einer Karaffe Wasser sind ebenfalls eine herrliche Erfrischung an heißen Tagen.

Wissenswertes zu den TCM-Rezepten

Bei der TCM-Ernährung ist entscheidend, dass die Balance im Körper erhalten bleibt und die Lebensenergie Qi fließen kann. Ganz oben auf der Liste der Rezepte stehen daher warme Mahlzeiten, insbesondere Suppen.

In der Traditionellen Chinesischen Medizin lieben wir Suppen. Sie wärmen, stärken, nähren und machen einfach glücklich. Sie lassen sich wunderbar vorkochen, wir können sie sowohl zum Frühstück als auch mittags oder abends genießen und in Gläsern für Wochen haltbar machen.

Energie pur: die Kraftsuppen

In der TCM-Ernährung nutzen wir gerne die Energie von »Kraftsuppen« (Seite 50), denn durch das stundenlange Kochen konzentriert sich das gesamte Qi der Zutaten in der Suppe. Je nachdem, welche Kraftsuppe du kochst, kannst du unterschiedliche Wirkungen für dich nutzen.

Gemüsekraftsuppen (Gemüsebrühe) sind thermisch viel neutraler als Kraftsuppen mit Fleisch. Du kannst sie somit auch im Sommer viel besser als Kraftquelle nutzen, ohne dich zu überhitzen. Auch wenn du zu Hitzesymptomen wie Sodbrennen, Gastritis, Migräne, Hautbeschwerden oder Entzündungen neigst, sind Gemüsekraftsuppen immer empfehlenswert.

Rinderkraftsuppen sind von ihrer Thermik her stärker erwärmend als Gemüsekraftsuppen, aber nicht so erhitzend wie Hühnerkraftsuppen. Sie vertreiben Kälte, weil sie einen direkten Bezug zu deinen Nieren haben und somit dein Nierenfeuer stärken. Bei Menstruationsbeschwerden, Blutmangel, ständig kalten Händen und Füßen, einem schwachen Immunsystem und häufigen Erkältungen eignen sich Rinderkraftsuppen sehr gut, auch sollen sie sich positiv auf die Fruchtbarkeit auswirken. Das Fleisch kaufe bitte ausschließlich aus artgerechter Tierhaltung.

Hühnerkraftsuppen kannst du bei diesen Disbalancen im Körper ebenfalls für dich nutzen. Sei jedoch etwas achtsamer, wenn du zu Hitzesymptomen neigst. Nach einer Schwangerschaft zum Beispiel wird in China traditionell Hühnerkraftsuppe als aufbauende Medizin getrunken. Sie tonisiert das Blut, stärkt und baut neue Kraft und Energie auf, die häufig durch die Schwangerschaft und die Geburt geschwächt wird. Neigt die Frau jedoch zu Brustentzündungen und innerer Unruhe, dann kann es sein, dass eine Rinderkraftsuppe die bessere Wahl ist.

Morgens warme, abends leichte Mahlzeiten

Warum empfiehlt die TCM eigentlich das warme Frühstück und ein möglichst leichtes Abendessen? In der Traditionellen Chinesischen Medizin orientieren wir uns nach der Chinesischen Organuhr, die jedem Organ und jeder Organenergie ein bestimmtes Zeitfenster zuordnet, in dem das entsprechende Organ seine höchste Energie und Kraft hat. So haben Magen und Milz nach der Chinesischer Organuhr morgens ihr höchstes Energielevel. Das bedeutet, dass deine Verdauung vor allem in der Früh am aktivsten und stärksten ist. Deshalb empfiehlt die TCM-Ernährung, mor-

Warmes Frühstück tut so gut!

Ich selbst habe sehr schnell gemerkt, dass an Tagen, an denen ich warm frühstücke, meine kalten Hände kein Thema mehr waren. Besonders überraschend war für mich auch die Erfahrung, dass sich mein Heißhunger auf Süßes stark reduziert hat, nachdem ich begonnen hatte, regelmäßig warm zu frühstücken. Von dieser Erfahrung berichten mir auch regelmäßig meine Klient*innen und Menschen in meiner Community, was mich unglaublich freut.

gens warm und auch gerne reichhaltig zu essen, weil deine kraftvolle Mitte am Morgen besonders gut Energie und Wärme für den Tag aufbauen kann. Im Gegensatz dazu ist deine Verdauungsenergie am Abend am schwächsten, weshalb ein leicht verdauliches Abendessen empfohlen wird, das die Verdauung nicht zusätzlich schwächt.

Im Rezeptteil findest du zahlreiche Inspirationen für ein warmes, nährendes Frühstück (ab Seite 28) und für ein leichtes, gekochtes Abendessen (ab Seite 106).

Gewürze und Kräuter wirken heilend

Du wirst in diesem Buch kaum ein Rezept finden, in dem nicht zumindest ein Gewürz enthalten ist. Gewürzen und Kräutern werden in der TCM heilende Wirkung zugeschrieben und es gibt kaum eine Symptomatik, gegen die keine Kräuterteerezeptur bekannt ist. Nutze regelmäßig verdauungsfördernde Kräuter wie Fenchel- und Kümmelsamen, Koriander, Rosmarin, Thymian, Majoran, Kardamom, frischen Ingwer, Kreuzkümmel, aber auch getrocknete Orangenschale. Je besser und kraftvoller deine Verdauung funktioniert, desto mehr förderst du deine körperliche und mentale Balance. Die TCM kennt Kräuter, die den Körper dabei unterstützen, Blut aufzubauen, Menstruationsbeschwerden zu lindern, das Hautbild zu verbessern und den Schlaf zu fördern, Kräuter für jedes einzelne Organ, für die physische und mentale Gesundheit. Dieses Wissen solltest du unbedingt auch für dich nutzen.

Welche Symptome können Lebensmittel lindern?

Von A bis Z: Hier findest du eine kleine Übersicht über Lebensmittel, die bestimmte Beschwerden lindern können und gut für deine Gesundheit sind:

- **Äpfel** unterstützen bei trockenem Husten, Reizhusten, trockener Haut, Verdauungsbeschwerden, innerer Unruhe und schwachem Bindegewebe.
- **Birnen** helfen bei trockenem Husten, Reizhusten, trockener Haut und wirken unterstützend bei vielem Sprechen.
- **Champignons** helfen bei Appetitlosigkeit, bei Nässe, Schlacken und Schleim im Körper, trockenem Husten, Übergewicht, erhöhten Blutfettwerten, Hepatitis und als Krebsprophylaxe.
- **Dinkel** unterstützt bei trockenem Stuhl, Verstopfung, trockener Haut, brüchigen Haaren und Nägeln, trockenen, geröteten Augen, Anämie (Blutarmut), Nachtblindheit, Muskelkrämpfen, Schlaflosigkeit oder Einschlafstörungen. Probiere es bei Einschlafstörungen mal mit einem Dinkelgrießbrei, in Dinkelmilch gekocht, zum Abendessen (Seite 121).
- **Eier** werden in der TCM empfohlen bei Erschöpfung bis hin zu Burnout, bei innerer Unruhe, Durchschlafstörungen, trockenem Husten, Heiserkeit und Krämpfen aufgrund von Blutmangel.
- **Fenchel** hilft bei Blähbauch, Völlegefühl, Verdauungsproblemen, Bauchschmerzen und Kältegefühlen.

- **Gojibeeren** unterstützen bei Anämie (Blutarmut), finden auch als Krebsprophylaxe und bei Alzheimer Verwendung. In getrocknetem Zustand können sie ihre blutaufbauende Wirkung allerdings nicht so gut entfalten wie als Tee oder in Porridge oder Suppen mitgekocht.
- **Haferflocken** sind angesagt bei kalten Händen und Füßen, wirken immunstärkend und wachstumsfördernd.
- **Ingwer** wird ebenfalls empfohlen bei kalten Händen und Füßen, bei Schmerzen im unteren Rücken, Schnupfen, Husten, Ohrenschmerzen, Müdigkeit nach dem Essen und bei Übelkeit.
- **Karotten** werden auch als »Ginseng des Westens« bezeichnet, sie nähren das Blut, die Muskeln, Sehnen und Gelenke, wärmen und stärken den gesamten Verdauungsapparat und die Nieren.
- **Linsen** tun gut bei Nierenschwäche, Erschöpfung, Müdigkeit, Antriebslosigkeit, Burnout, Diabetes, Anämie und in der Schwangerschaft.
- **Mais** unterstützt bei trockenen Haaren, trockener Haut, trockenen, brüchigen Nägeln, trockenem Stuhl und Gastritis (weil Mais durch seine erfrischende Thermik der Hitze im Magen entgegenwirkt).
- **Nori-Algen** kommen in der TCM bei Verhärtungen, Schwellungen, Gicht, Schleim, Warzen, als Krebsprophylaxe, bei Übergewicht, Ödemen, Cellulite, erhöhtem Cholesterin und Trockenheitssymptomen zum Einsatz.
- **Oliven** unterstützen bei Trockenheitssymptomen, Heiserkeit, Husten, Magensäuremangel, Gallenblasenträgheit, Gallensteinen, erhöhten Cholesterinwerten und Verstopfung.
- **Petersilie** wird empfohlen bei Verdauungsbeschwerden, Appetitlosigkeit, Gastritis (Magenschleimhauteintzündung), Gewichtsverlust, Blutmangel, Trockenheitssymptomen, PMS (Prämenstruellem Syndrom), Wut und Frustration.
- **Quinoa** stärkt bei Kraftlosigkeit, einer schwachen Mitte, wärmt bei kaltem unterem Rücken, kalten Knien, kalten Extremitäten, unterstützt bei Eisen- und Blutmangel.
- **Rote Bete** baut Blut und kostbare Körpersäfte auf, hilft bei innerer Unruhe, Schlafstörungen, entzündlichen Hautbeschwerden, Schreckhaftigkeit, Konzentrationsschwäche, trockenem Stuhl, Verstopfung, Kopfschmerzen, Gelenkschmerzen und Menstruationsschmerzen.
- **Staudensellerie** hilft bei Kopfschmerzen und Migräne (Rezept für Staudenselleriesud, Seite 79). Drei Wochen lang drei Tassen täglich von dem Selleriesud trinken.
- **Tomaten** unterstützen bei Burnout, Bluthochdruck, Kopfschmerzen, innerer Unruhe, Verstopfung, trockenem Stuhl, trockenen, geröteten Augen, großem Durst, trockenem Husten, häufigem Nasenbluten, Zahnfleischbluten.
- **Wildfleisch** wird empfohlen bei Kälte im unteren Rücken, kalten Händen und Füßen, kaltem Po, kalter Nase, kalten Knien, rheumatischen Schmerzen, Impotenz, Unfruchtbarkeit, Kraftlosigkeit, Müdigkeit, Erschöpfung, Gewichtsverlust, Blutmangel, Arthrose (Gelenkabnutzung) und bei zu wenig Muttermilch.
- **Zimt** ist angesagt bei kalten Händen und kalten Füßen, Erkältungen, Bauchschmerzen, Menstruationsschmerzen, Wasseransammlungen, Libidomangel, Rückenschmerzen im Lendenwirbelsäulenbereich, Antriebslosigkeit, Durchfall und auch Blasenentzündungen.

Dein Vorratsschrank

– Eine Basis an Gewürzen, Kräutern und Lebensmitteln

In den Rezepten findest du viele Zutaten, die regelmäßig Verwendung in der TCM-Küche finden. Daher empfehle ich dir, sie zu Hause vorrätig zu haben. Es sind vor allem Kräuter und Gewürze, aber auch gesunde Fette und andere haltbare Lebensmittel, die alle eine positive Wirkung auf deine körperliche und mentale Balance haben. Wenn du sie immer griffbereit hast, geht dir das Kochen leichter von der Hand.

Getrocknete Kräuter und Gewürze

- Chilipulver
- Currypulver
- Fenchelsamen
- Gewürznelken
- Kakaopulver (Rohkakao)
- Kardamom
- Koriandersamen
- Kreuzkümmel
- Kümmelsamen
- Kurkuma
- Liebstöckel
- Lorbeerblätter
- Majoran
- Muskatnuss
- Oregano
- Paprikapulver
- Pfeffer
- Rosmarin
- Salz
- Thymian
- Wacholderbeeren
- Vanillepulver
- Zimt

Öle und Fette

- Olivenöl
- Kokosöl
- Butter

Sonstige haltbare Lebensmittel

- Balsamicoessig
- Hafermilch
- Honig
- Sojasauce

Außerdem

- Zitrone
- Knoblauch

WEITERE HÄUFIG VERWENDETE LEBENSMITTEL AUS DER TCM-KÜCHE

In der TCM-Ernährung spielen verschiedene Getreide und Hülsenfrüchte, aber auch Samen und Nüsse sowie Trockenfrüchte eine große Rolle, da sie so wertvoll für unsere Gesundheit sind.

GETREIDE

- Haferflocken (Feinblatt)
- Dinkelflocken
- Hirseflocken
- Reis
- Hirse
- Couscous
- Gerste/Rollgerste
- Quinoa (Pseudogetreide)

SAMEN UND NÜSSE

- Erdnüsse
- Haselnüsse
- Kürbiskerne
- Mandeln
- Sesam
- Sonnenblumenkerne
- Walnüsse

TROCKENFRÜCHTE

- Datteln
- Gojibeeren
- Rosinen

WEITERE BASIS-LEBENSMITTEL

- Mandelmus
- Natron
- Weinsteinbackpulver

FÜR DIE »SCHNELLE KÜCHE«

Auch wenn ich sehr ungern mit Verboten arbeite, möchte ich dir von ein paar Lebensmitteln ehrlich abraten: Das sind Fertigsaucen, Päckchensuppen, Fertigprodukte mit Weizen, Glutamat und Konservierungsstoffe, Softdrinks und Energydrinks.
Es gibt jedoch ein paar Produkte, die zur Kategorie »Fertigprodukte« zählen und die ich dir empfehlen kann, weil sie ohne ungesunde Zusatzstoffe auskommen und dein Kochen erleichtern werden:

- Kokosmilch aus der Dose
- Kichererbsen aus dem Glas
- Mais aus dem Glas
- Kidneybohnen aus dem Glas
- Weiße Bohnen aus dem Glas
- Tomaten aus der Dose
- Tomatenpassata

Die REZEPTE

HIRSE MIT APFEL UND ROSINEN

2 ÄPFEL

125 g HIRSE

25 g ROSINEN

1 Msp. VANILLEMARK

1 EL MANDELBLÄTTCHEN

AUS DEM VORRAT: 1 MSP. ZIMT

2 PORTIONEN

25 MIN.

Äpfel waschen, vierteln, entkernen und in Würfel schneiden. • Hirse in einem Sieb unter fließendem Wasser abspülen und anschließend in einer beschichteten Pfanne vorsichtig anrösten, bis die Hirse zu duften beginnt. Mit 300 ml Wasser ablöschen. • Apfelstücke, Rosinen, Vanillemark und Zimt dazugeben. Bei geschlossenem Deckel kurz aufkochen. Hitze auf kleinste Stufe reduzieren und 15 Min. quellen lassen. • Mit Mandelblättchen bestreut servieren oder in Schraubgläser füllen und als Snack für nachmittags mitnehmen.

Tipp: Hirse stärkt und nährt die Mitte.

KLASSISCHES PORRIDGE

2 DATTELN OHNE KERN

130 g HAFERFLOCKEN (FEIN- ODER ZARTBLATT)

35 g GEMAHLENE HASELNÜSSE

2 EL GOJIBEEREN

1 kleiner APFEL

1 EL LEINSAMEN

AUS DEM VORRAT: 4 EL ROSINEN • 500 ML HAFERMILCH

4 PORTIONEN

20 MIN.

Datteln klein schneiden. • Haferflocken, Nüsse, Datteln, 3 EL Rosinen und Gojibeeren in einem Topf mit 500 ml Hafermilch (oder Wasser) übergießen. Unter Rühren kurz aufkochen. Sobald das Porridge zu köcheln beginnt, die Hitze auf kleinste Stufe reduzieren. Ca. 10 Min. bei geschlossenem Deckel quellen lassen. • Den Apfel waschen, entkernen, in kleine Stücke schneiden und einen Teil ins fertige Porridge unterheben. • Auf 4 Schalen verteilen, mit den restlichen Apfelstücken, Leinsamen und je 1 EL Rosinen bestreuen.

Tipp: Porridge am besten schon am Vorabend vorbereiten – das spart Zeit!

FRÜHLINGS-PORRIDGE MIT RHABARBER-ERDBEER-KOMPOTT

2 DATTELN

einige PFEFFERMINZ-BLÄTTER

130 g HAFERFLOCKEN (FEIN- ODER ZARTBLATT)

2 EL GOJIBEEREN

AUS DEM VORRAT: 4 EL ROSINEN • 500 ML HAFERMILCH • RHABARBER-ERDBEER-KOMPOTT (SEITE 130)

4 PORTIONEN

20 MIN.

Datteln entkernen und klein schneiden, Pfefferminzblätter hacken. • Haferflocken, Rosinen, Gojibeeren und Datteln in einem Topf mit 500 ml Hafermilch (oder Wasser) unter Rühren kurz aufkochen. Sobald das Porridge zu köcheln beginnt, die Hitze auf kleinste Stufe reduzieren. Ca. 10 Min. bei geschlossenem Deckel quellen lassen. • Das Porridge auf Schalen verteilen, mit dem Rhabarber-Erdbeer-Kompott anrichten und mit gehackten Pfefferminzblättern bestreuen.

Tipp: Porridge vertreibt kalte Hände und stärkt das Immunsystem.

SOMMER-PORRIDGE MIT MELONE UND KIWI

100 g DINKELFLAKES

100 g GEPUFFTE QUINOA

1 Stück HONIGMELONE

1 Stück ZUCKERMELONE

2 EL MANDELMUS

1 KIWI

AUS DEM VORRAT: 400 ML HAFERMILCH • ¼ TL KARDAMOM

4 PORTIONEN

20 MIN.

Dinkelflakes, Quinoa, Hafermilch und 400 ml Wasser in einem Topf unter ständigem Rühren kurz aufkochen. Hitze auf kleinste Stufe reduzieren und das Porridge 10 Min. bei geschlossenem Deckel quellen lassen. • In der Zwischenzeit die Honig- und die Zuckermelone von der Schale befreien und in Würfel schneiden. Kiwi schälen und in Scheiben schneiden. • Mandelmus und Kardamom einrühren und das Porridge mit Melonenwürfeln und Kiwischeiben servieren.

Tipp: Nimm eine Portion im Schraubglas als Mahlzeit für unterwegs mit.

HERBSTLICHES AMARANTH-PORRIDGE MIT BIRNE

125 g
AMARANTH

1 mittelgroßer
APFEL

1 mittelgroße
BIRNE

1 kleine Handvoll
WALNÜSSE

1 Handvoll
GETROCKNETE MAULBEEREN

etwas
GEPUFFTER AMARANTH

AUS DEM VORRAT: 125 ML HAFERMILCH • 2 EL HONIG

2 PORTIONEN

40 MIN. +
8–10 STD.
EINWEICHEN

Amaranth über Nacht in Wasser einweichen. • Am nächsten Tag in einem feinen Sieb gut ausspülen, in einem Topf mit der Hafermilch kurz aufkochen und bei schwacher Hitze 15 Min. quellen lassen. Immer wieder umrühren. • Apfel und Birne waschen, entkernen, in Würfel schneiden und einige davon fürs Topping beiseitelegen. Den Rest mit dem Amaranth verrühren. • Nach Bedarf noch einen Schuss Hafermilch dazugeben und alles 10 Min. bei niedrigster Hitze quellen lassen. • Walnüsse hacken. Porridge in 2 Schalen verteilen, mit Honig beträufeln und mit Obstwürfeln, Maulbeeren, Walnüssen und gepufftem Amaranth dekorieren.

Das Power-Korn:

AMARANTH

steigert die Konzentration,
nährt Muskeln, Knochen, Sehnen.

WINTERLICHES LEBKUCHEN-PORRIDGE

2
DATTELN

1 mittelgroßer
APFEL

100 g
HAFERFLOCKEN (FEIN- ODER ZARTBLATT)

½ TL
LEBKUCHENGEWÜRZ

2 EL
MANDELMUS

2 EL
MANDELSPLITTER

AUS DEM VORRAT: 400 ML HAFERMILCH • 1 TL KAKAOPULVER

2 PORTIONEN

20 MIN.

Datteln entkernen und klein schneiden. Den Apfel waschen, entkernen und klein würfeln. • Hafermilch in einem Topf erhitzen und die Datteln und Apfelstückchen dazugeben. Haferflocken einrühren, ganz kurz aufkochen lassen, dann die Hitze auf die kleinste Stufe reduzieren. Bei geschlossenem Deckel 10 Min. quellen lassen, bis das Porridge sämig ist. • Lebkuchengewürz, Kakaopulver und Mandelmus einrühren. Mit Mandelsplittern bestreut servieren.

Tipp: In der TCM gilt Hafer als das am stärksten wärmende Getreide.

MILCHREIS MIT BIRNENKOMPOTT

4
DATTELN OHNE KERN

130 g
REIS

500 ml
REISMILCH

AUS DEM VORRAT: 1 PRISE ZIMT • BIRNENKOMPOTT (SEITE 133)

2 PORTIONEN

20 MIN.

Datteln ganz fein hacken und mit dem Reis und der Reismilch in einem Topf zum Kochen bringen. Dabei immer wieder umrühren. Bei kleiner Hitze und geschlossenem Deckel so lange quellen lassen, bis der Reis gar ist. • Den Milchreis in Schalen anrichten, mit Zimt bestreuen und mit Birnenkompott genießen.

Tipp: Ideal ist Rundkorn-Vollkornreis oder Süßreis (Mochireis).

KNUSPRIGE POLENTASCHNITTEN MIT OBST

150 g
POLENTA

½ TL
GERIEBENE BIO-ORANGENSCHALE

1 Handvoll
BEEREN ZUM GARNIEREN

AUS DEM VORRAT: 200 ML HAFERMILCH • 1 PRISE VANILLEPULVER • 1 PRISE KARDAMOM • ½ TL KAKAOPULVER • 2 EL BUTTER • HONIG

2 PORTIONEN

20 MIN. + ZEIT ZUM AUSKÜHLEN

Hafermilch und Polenta mit 200 ml Wasser in einem Topf unter ständigem Rühren aufkochen. • Orangenschalenabrieb, Vanillepulver, Kardamom und Kakaopulver dazugeben und bei kleinster Hitze und geschlossenem Deckel 15 Min. quellen lassen. • Die Masse fingerdick auf ein Backblech streichen, auskühlen lassen, in Scheiben schneiden und in einer Pfanne in etwas Butter anbraten. • Mit Honig beträufeln und mit den Beeren servieren.

Tipp: Polentaschnitten passen auch zu Gemüse oder einem Ratatouille.

GEBACKENES PORRIDGE MIT BEEREN

2
EIER

190 g
HAFERFLOCKEN (FEIN- ODER ZARTBLATT)

30 g
GEHACKTE NÜSSE

1 EL
LEINSAMEN

1
REIFE BANANE

140 g
BEEREN (FRISCH ODER TK)

AUS DEM VORRAT: 400 ML HAFERMILCH • 1 MSP. KARDAMOM • ½ TL ZIMT • 1 PRISE SALZ • 2 EL HONIG

4 PORTIONEN

10 MIN. + 30 MIN. BACKEN

Den Backofen auf 170 Grad vorheizen. • In einer Schüssel die Hafermilch mit zwei Eiern, Kardamom, Zimt sowie etwas Salz und Honig verquirlen. Die Haferflocken, gehackten Nüsse und Leinsamen dazugeben und mit einem Kochlöffel unterheben. • Die Banane mit der Gabel zerdrücken und mit ⅔ der Beeren vorsichtig unterrühren. • Alles in eine gefettete Auflaufform gießen. Zum Schluss den Rest der Beeren auf dem Teig verteilen und das Porridge 30 Min. im Ofen backen.

Tipp: Am besten schon am Vorabend backen und morgens aufwärmen.

POLENTABREI MIT BEEREN DER SAISON

50 g
POLENTA

2 EL
KOKOSRASPEL

300 ml
REISMILCH

10
MANDELN

2 Handvoll
FRISCHE BEEREN DER SAISON

2 EL
SONNENBLUMENKERNE

AUS DEM VORRAT: 1 PRISE KARDAMOM

2 PORTIONEN

10 MIN.

Polenta, Kardamom und Kokosraspel mit einem Schneebesen in die Reismilch einrühren und unter ständigem Rühren erhitzen, aber nicht aufkochen. Die Hitze auf die kleinste Stufe reduzieren und den Brei bei geschlossenem Deckel ausquellen lassen. • In der Zwischenzeit die Mandeln hacken. • Den Polentabrei mit frischen Beeren, Mandeln und Sonnenblumenkernen bestreut servieren.

Tipp: Eine ideale Alternative, wenn sich am Nachmittag der Heißhunger auf Süßes meldet.

Frühstück

HIRSEAUFLAUF MIT ÄPFELN

300 g
HIRSE

1
ZIMTSTANGE

1
VANILLESCHOTE

3
EIER

4 mittelgroße
ÄPFEL

2 EL
MANDELBLÄTTCHEN

AUS DEM VORRAT: ½ TL KARDAMOM • 1 PRISE SALZ • 75 G BUTTER • 3 EL HONIG • 2 HANDVOLL ROSINEN

4 PORTIONEN

30 MIN.
+ 40 MIN.
BACKEN

Backofen auf 180 Grad vorheizen. • Hirse waschen, in einer beschichteten Pfanne leicht anrösten. • 600 ml Wasser in einem Topf aufkochen, Hirse, Zimtstange, Vanilleschote, Kardamom und Salz dazugeben, bei kleiner Hitze und geschlossenem Deckel 20 Min. quellen lassen. • Butter, Eigelb und Honig schaumig rühren. Äpfel entkernen und in 1 cm dicke Scheiben schneiden. • Zimtstange und Vanilleschote herausnehmen. Die leicht abgekühlte Hirse mit der Eigelbmasse, den Rosinen und den Apfelscheiben vermischen. • Eiweiß steif schlagen und unterheben. • In eine gefettete Auflaufform füllen, mit Mandelblättchen bestreuen und 40 Min. im Ofen backen.

Tipp: Hirse hilft gegen lästige Kilos, weil sie aus Sicht der TCM die Mitte stärkt.

HIRSE-AUFLAUF

ist unser

COMMUNITY-LIEBLING.

Am besten schon am Vortag backen.

PANCAKES

150 g
DINKELMEHL

1 ½ TL
BACKPULVER

1
EI

100 g
JOGHURT

200 g
HEIDELBEEREN

AHORNSIRUP

AUS DEM VORRAT: 1 MSP. KARDAMOM • ½ TL VANILLEPULVER • 1 GROßE PRISE SALZ • 100 ML HAFERMILCH • BUTTER ZUM BRATEN

CA. 10 STÜCK

20 MIN.

Mehl, Backpulver, Kardamom, Vanillepulver und Salz in eine Schüssel geben. Ei, Joghurt und Hafermilch hinzufügen und mit einem Schneebesen gut verrühren. • Die Heidelbeeren vorsichtig unter den Teig heben und möglichst nicht zerdrücken. • Etwas Butter in einer Pfanne erhitzen. Pro Pancake etwa 2 EL Teig hineingeben. Braten, bis die Unterseite goldbraun ist und die Oberseite blubbert. Wenden und weitere 1–2 Min. braten. • Die Pancakes mit Ahornsirup servieren.

Tipp: Ein wunderbarer Snack zum Mitnehmen.

GLUTENFREIES REISBROT

2 Tassen (ca. 300 g)
REIS (Z. B. BASMATI- ODER JASMINREIS)

2 ¼ TL
TROCKENHEFE

2 EL
ZUCKER

AUS DEM VORRAT: 3 EL OLIVENÖL • 1 TL SALZ

4 PORTIONEN

10 MIN. + 3 STD. EINWEICHEN UND BACKEN

Reis waschen, 2 Stunden in lauwarmem Wasser einweichen, gut abtropfen lassen und zusammen mit den anderen Zutaten in einem Mixer zerkleinern, bis sich eine seidig-flüssige Masse bildet. • Den Teig in eine längliche, gefettete Backform gießen und bei niedrigster Ofentemperatur 20 Min. aufgehen lassen. • Form herausnehmen, Backofen auf 190 Grad aufheizen, den Teig mit Wasser bespritzen und 40 Min. backen. Immer wieder mit Wasser bespritzen, damit er nicht austrocknet. • Das Reisbrot auskühlen lassen und genießen.

Tipp: Hält sich ein paar Tage im Kühlschrank.

PIKANTER HIRSEBREI

100 g KAROTTEN

100 g PASTINAKEN

100 g HIRSEFLOCKEN

2 EIER

4 EL GERIEBENER PARMESAN

½ Schale KRESSE

AUS DEM VORRAT: 350 ML HAFERMILCH • ½ TL GEMÖRSERTE KORIANDERSAMEN • 1 PRISE SALZ

2 PORTIONEN

30 MIN.

Die Karotten und Pastinaken putzen und in kleine Stücke schneiden. • Die Hafermilch in einem Topf erhitzen, das Gemüse hinzufügen und ein paar Min. köcheln lassen. Die Hirseflocken einrühren, mit Koriander und Salz abschmecken und bei kleiner Hitze ein paar Minuten ziehen lassen. • Eier aufschlagen und dazugeben, die Hitze noch einmal kurz erhöhen und den Brei gut durchrühren, bis die Eier stocken. • Den geriebenen Parmesan einrühren und den Hirsebrei mit Kresse bestreut genießen.

Tipp: Wurzelgemüse stärken die Mitte und den gesamten Verdauungstrakt.

OMELETT MIT SPINAT

2 EL KÜRBISKERNE

½ Bund PETERSILIE

4 EIER

3 EL GEMAHLENE LEINSAMEN

100 g BLATTSPINAT

1 Handvoll COCKTAILTOMATEN

AUS DEM VORRAT: 100 ML HAFERMILCH • SALZ • 1 EL BUTTER

2 PORTIONEN

30 MIN.

Kürbiskerne und Petersilie fein hacken. • Eier in einer Schüssel mit der Hafermilch, der Petersilie, den Kürbiskernen, den gemahlenen Leinsamen und einer Prise Salz verrühren. • Spinat waschen, Cocktailtomaten waschen und halbieren, beides in einer Pfanne mit zerlassener Butter 5 Min. dünsten und auf einem Teller zur Seite stellen. • Aus der Eiermasse nacheinander zwei Omeletts in der Pfanne braten, mit Spinat und Tomaten füllen, zuklappen und warm servieren.

Tipp: Vertreibt kalte Hände und Müdigkeit und gibt Kraft für den Tag.

GRÜNES SHAKSHUKA

½ Kopf
BROKKOLI

125 g
(BABY-)BLATTSPINAT

100 g
GRÜNER SPARGEL

2
FRÜHLINGSZWIEBELN

½ Bund
PETERSILIE

4
EIER

AUS DEM VORRAT: 1 EL OLIVENÖL • SALZ • ½ TL KURKUMA

2 PORTIONEN

30 MIN.

Gemüse waschen, Spargelenden abbrechen und die Stangen in 1 cm dicke Stücke schneiden. Frühlingszwiebeln in Ringe schneiden. Petersilie hacken. • Brokkoli in kleine Röschen teilen und 5 Min. in Salzwasser garen. • Zwiebelringe und Spargel in einer großen Pfanne 5 Min. in Olivenöl anbraten. Brokkoli abgießen, fein hacken und mit dem Spinat in die Pfanne geben. Mit Salz und Kurkuma würzen. • Mit einem Löffel 4 Mulden in das Gemüse drücken und in jede Mulde ein aufgeschlagenes Ei geben. Bei geschlossenem Deckel kurz garen. Das Eigelb sollte noch weich bleiben. • Mit Petersilie bestreuen und direkt aus der Pfanne servieren.

Tipp: Grünes Gemüse und frische Kräuter sind ein wahrer Jungbrunnen.

VEGANES RÜHREI AN SÜSSKARTOFFELN

100 g RÄUCHERTOFU

1 ZWIEBEL

1 kleines Bund KORIANDER

400 g SÜSSKARTOFFELN

1 EL MANDELMUS

200 g NATURTOFU

AUS DEM VORRAT: 3 EL OLIVENÖL • PFEFFER • SALZ • ½ TL KURKUMA

2 PORTIONEN

30 MIN.

Backofen auf 250 Grad vorheizen. • Räuchertofu und Zwiebel würfeln, Koriander hacken. • Süßkartoffeln schälen, würfeln, mit 2 EL Olivenöl und den Gewürzen vermischen und ca. 13 Min. im Ofen backen. • Mandelmus mit 4 EL Wasser mischen. • 1 EL Olivenöl in einer Pfanne erhitzen, Räuchertofu und Zwiebel darin braten. Mit einer Gabel den Naturtofu zerdrücken, 1 Min. mitbraten und alles mit dem Mandelmus ablöschen. • Süßkartoffeln unterheben, salzen, pfeffern und mit Koriander bestreut servieren.

Tipp: Süßkartoffeln stärken und wärmen den Verdauungstrakt.

WEISSE BOHNEN IN TOMATENSAUCE

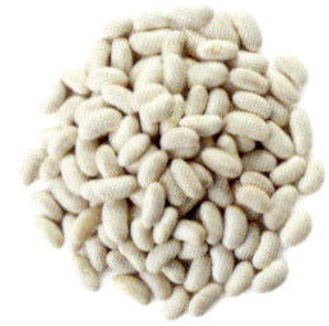

400 g WEISSE RIESENBOHNEN

2 ZWIEBELN

1 Stange STAUDENSELLERIE

1 kleines Bund PETERSILIE

250 g TOMATEN

800 g TOMATEN AUS DER DOSE

AUS DEM VORRAT: 4 KNOBLAUCHZEHEN • 1 EL OLIVENÖL • SALZ • 100 ML GEMÜSEBRÜHE (SEITE 52) • PFEFFER

4 PORTIONEN

20 MIN. + 24 STD. EINWEICHEN + 50 MIN. BACKEN

Bohnen 1 Tag einweichen. Mit frischem Wasser ca. 30 Min. garen und abgießen. • Backofen auf 180 Grad vorheizen. Zwiebeln, Knoblauch und Sellerie würfeln. Petersilie hacken. • Tomaten blanchieren, häuten und in Scheiben schneiden. • Zwiebeln, Sellerie und Knoblauch mit Öl in einem Topf andünsten, salzen und mit den Dosentomaten 10 Min. im Ofen schmoren. • Petersilie, Brühe und Bohnen unterrühren und weitere 10 Min. schmoren. • Salzen und pfeffern, in eine Auflaufform füllen, mit den Tomatenscheiben belegen und 30 Min. im Ofen backen.

Tipp: Dazu passen die Gemüse-Hirse-Bällchen (Seite 44) besonders gut.

WÄRMENDER EIERREIS

70 g REIS — *1* FRÜHLINGSZWIEBEL — *1 mittelgroße* KAROTTE

1 kleines Stück INGWER (CA. 1 CM) — *1 kleines Bund* FRISCHE PETERSILIE — *2* EIER

AUS DEM VORRAT: SALZ • 1 EL BUTTER

2 PORTIONEN

25 MIN.

Den Reis mit der doppelten Menge Salzwasser in einem Topf gar kochen oder 200 g gekochten Reis mit etwas Wasser verrühren und aufwärmen. • Frühlingszwiebel in feine Ringe schneiden, Karotte raspeln, Ingwer waschen und mit der Schale fein hacken. Petersilie hacken. • In einer Pfanne etwas Butter zergehen lassen und das Gemüse sowie den Ingwer darin dünsten. Den Reis dazugeben, die Eier aufschlagen und einrühren, bis das Ei stockt. • Den Eierreis mit der gehackten Petersilie servieren.

Tipp: Den Reis am besten schon am Vortag kochen.

Für ein warmes Bauchgefühl:
Bei Erschöpfung
und innerer Unruhe
können **EIER** aus
Sicht der TCM unterstützend wirken.

GEMÜSE-HIRSE-BÄLLCHEN

1 kleine
KAROTTE

1
GURKE

1
ROTE PAPRIKA

100 g
HIRSE

50 g
FETA

AUS DEM VORRAT: 300 ML GEMÜSEBRÜHE (SEITE 52) • BUTTER ZUM AUSFETTEN • ERBSEN-HUMMUS (SEITE 75)

2 PORTIONEN

25 MIN. + 20 MIN. BACKEN

Backofen auf 200 Grad vorheizen. • Karotte waschen und grob reiben. Gurke in Scheiben schneiden, Paprika putzen und in Streifen schneiden. • Hirse unter fließendem Wasser gut abspülen und in einer beschichteten Pfanne sanft anrösten, bis sie zu duften beginnt. • Karotte dazugeben, mit Gemüsebrühe aufgießen, kurz aufkochen, bei kleinster Hitze und geschlossenem Deckel 15 Min. quellen lassen. • Hirse auskühlen lassen und mit zerbröseltem Feta zu Bällchen von ca. 3 cm Durchmesser formen. In einer mit Butter bestrichenen Auflaufform in 20 Min. knusprig backen. • Mit Gurkenscheiben, Paprikastreifen und Erbsen-Hummus servieren.

Kombiniere zu

ROHEM GEMÜSE UND SALAT

etwas Gekochtes.
Das stärkt deine Mitte.

REIS-CONGEE

1 mittelgroße
KAROTTE

1
PASTINAKE

75 g
BROKKOLI

1 Stange
STAUDENSELLERIE

1
FRÜHLINGSZWIEBEL

100 g
REIS

AUS DEM VORRAT: 2 EL OLIVENÖL • SALZ

4 PORTIONEN

15 MIN. +
2 STD. KOCHEN

Gemüse und Frühlingszwiebel waschen und ganz fein schneiden. Reis unter fließendem Wasser waschen. • Olivenöl in einem großen Topf erwärmen, das Gemüse darin sanft anrösten. • Den Reis dazugeben, mit 1,5 l Wasser aufgießen und aufkochen. Hitze reduzieren und das Congee zwei Stunden sanft köcheln lassen. Den Topf gut im Auge behalten und zwischendurch umrühren, damit das Congee nicht anbrennt. Es soll eine suppige bis breiige Konsistenz haben. Bei Bedarf heißes Wasser nachgießen. • Zum Schluss salzen und mit frischen Kräutern, beispielsweise Koriander, servieren.

Tipp: Reis-Congee wärmt, nährt und befeuchtet – ein wahres Heilmittel in der TCM!

Schmeckt auch wunderbar mit **HÜHNERFLEISCH ODER FISCH.**

BROKKOLICREMESUPPE

1 mittelgroße
ZWIEBEL

1 kg
BROKKOLI

1 Bund
PETERSILIE

2 EL
MANDELBLÄTTCHEN

AUS DEM VORRAT: 1 EL BUTTER • 1 L GEMÜSEBRÜHE (SEITE 52) • 1 PRISE MUSKAT • SALZ • PFEFFER

4 PORTIONEN

15 MIN. + 20 MIN. GAREN

Zwiebel schälen, fein hacken und in einer Pfanne mit Butter sanft glasig dünsten. • Brokkoli waschen, Röschen vom Strunk lösen, Strunk schälen und klein schneiden. Petersilie grob hacken. • Brokkoli mit Petersilie in der Pfanne leicht anbraten. Mit der Brühe aufgießen, mit Muskat, Salz und Pfeffer würzen und 20 Min. bei geschlossenem Deckel köcheln lassen. • Die Suppe mit einem Mixstab pürieren und mit Mandelblättchen bestreut servieren.

Tipp: Brokkoli wird auch in der TCM zur Krebsprophylaxe empfohlen.

LINSEN-KAROTTEN-SUPPE

150 g
KAROTTEN

1 mittelgroße
ZWIEBEL

1 kleines Stück
INGWER (1 CM) MIT SCHALE

125 g
ROTE LINSEN

30 g
MANDELSTIFTE

AUS DEM VORRAT: 1 KNOBLAUCHZEHE • 1 EL KOKOSÖL • 1 TL CURRYPULVER • 750 ML GEMÜSEBRÜHE (SEITE 52) • SALZ

2 PORTIONEN

30 MIN.

Karotten waschen und grob schneiden. Zwiebel und Knoblauch schälen, Ingwer waschen. Alles fein hacken, dann in einem Topf mit Kokosöl sanft dünsten. Mit Currypulver bestreuen und mit Gemüsebrühe aufgießen. Nun die Karotten und roten Linsen darin 20 Min. bei geschlossenem Deckel köcheln lassen, bis die Linsen weich sind. • In der Zwischenzeit die Mandelstifte in einer beschichteten Pfanne leicht anbraten, bis sie duften. • Die Suppe pürieren, mit Salz abschmecken und in 2 Teller füllen. • Mandelstifte über die Suppe streuen.

Tipp: Diese Suppe vertreibt Müdigkeit.

SCHNELLE ROTE-BETE-SUPPE

4 mittelgroße
ROTE BETE (CA. 500 G)

1 kleines Bund
PETERSILIE

125 ml
KOKOSMILCH AUS DER DOSE

3 EL
GERIEBENER MEERRETTICH

AUS DEM VORRAT: 2 EL OLIVENÖL • 750 ML GEMÜSEBRÜHE (SEITE 52) • SALZ • PFEFFER • SAFT VON ½ ZITRONE

4 PORTIONEN

30 MIN.

Rote Bete schälen und in Würfel schneiden, Petersilie hacken. • Rote Bete und Petersilie in einem Topf in Öl anbraten, bis die Petersilie zu duften beginnt. Mit der Gemüsebrühe ablöschen und 20 Min. köcheln lassen, bis die Rote Bete weich ist. Mit Kokosmilch, Salz, Pfeffer und Zitronensaft abschmecken. • Mit einem Mixstab pürieren, 2 EL Meerrettich einrühren, die Suppe in Teller geben und mit dem restlichen Meerrettich bestreuen.

Tipp: Suppen zum Abendessen fördern den Schlaf, weil sie leicht verdaulich sind.

KOHLRABICREMESUPPE

1 mittelgroße
ZWIEBEL

500 g
KOHLRABI

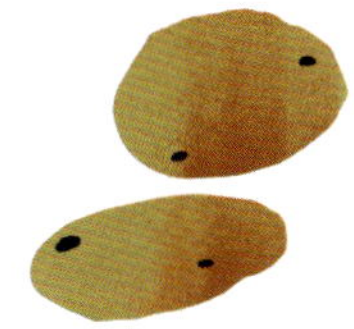

2 mittelgroße
KARTOFFELN

AUS DEM VORRAT: 1 EL BUTTER • 500 ML GEMÜSEBRÜHE (SEITE 52) • ½ TL LIEBSTÖCKEL • ½ TL THYMIAN • 250 ML HAFERMILCH • SALZ • PFEFFER • MUSKAT

4 PORTIONEN

15 MIN. + 30 MIN. KOCHEN

Zwiebel schälen und fein hacken. Kohlrabigrün von den Knollen entfernen, ein paar schöne Blätter beiseitelegen und fein hacken. Kohlrabi und Kartoffeln schälen und würfeln. • Zwiebel in Butter glasig dünsten und das Gemüse dazugeben. Mit Gemüsebrühe ablöschen, Liebstöckel und Thymian dazugeben und bei geschlossenem Deckel 30 Min. köcheln lassen. • Die Suppe pürieren, mit Hafermilch verfeinern, mit Salz, Pfeffer und Muskat abschmecken und mit gehacktem Kohlrabigrün servieren.

Tipp: Kohlrabi hilft bei trockener Lunge.

RINDERKRAFTSUPPE

500 g
RINDFLEISCH (Z. B. TAFELSPITZ)

3 mittelgroße
KAROTTEN

3
PASTINAKEN

1
SELLERIEKNOLLE

1
ZWIEBEL MIT SCHALE

2 Bund
PETERSILIE

AUS DEM VORRAT: 3 EL OLIVENÖL • 3 LORBEERBLÄTTER • 4 WACHOLDERBEEREN • 1 TL LIEBSTÖCKEL • 1 TL MAJORAN • 1 TL THYMIAN • SALZ

FÜR 4,5 L BRÜHE

20 MIN. + MIND. 2 STD. GAREN

In einem großen Topf Olivenöl erhitzen, das Rindfleisch darin von allen Seiten scharf anbraten und beiseitelegen. • Gemüse waschen, putzen, grob schneiden. Petersilie hacken. Gemüse mit Petersilie und einer geviertelten Zwiebel in dem Topf scharf anrösten, bis es zu duften beginnt. Immer wieder umrühren. • Rindfleisch dazugeben, mit 5 l heißem Wasser und den Gewürzen mindestens 2 Stunden lang bei geschlossenem Deckel köcheln lassen. • Die abgeseihte Brühe ganz heiß in saubere Schraubgläser füllen, sofort verschließen und auskühlen lassen, bis sich Vakuum gebildet hat. Im Kühlschrank aufbewahren.

Tipp: Das übrig gebliebene Fleisch mit Gemüse und Püree (Seite 98) genießen.

Luftdicht verschlossen, ist die BRÜHE im Kühlschrank mehrere Wochen haltbar.

GEMÜSEBRÜHE

2 Bund SUPPENGEMÜSE

1 FENCHELKNOLLE

1 Handvoll SHIITAKEPILZE

2 Bund PETERSILIE

2 Scheiben FRISCHER INGWER

2 mittelgroße ZWIEBELN MIT SCHALE

AUS DEM VORRAT: 3 EL OLIVENÖL • 5 LORBEERBLÄTTER • 8 WACHOLDERBEEREN • 1 EL LIEBSTÖCKEL • SALZ

FÜR 4,5 L BRÜHE

20 MIN. + MIND. 2 STD. GAREN

Gemüse und Pilze waschen, putzen, gegebenenfalls schälen und grob schneiden. Petersilie und Ingwer mit Schale hacken. Zwiebeln mit Schale vierteln. • Gemüse, Petersilie, Pilze, Zwiebeln und Ingwer in einem Topf mit Öl scharf anrösten. Immer wieder umrühren. Mit 5 l heißem Wasser aufgießen und mit den Gewürzen 2 Stunden bei geschlossenem Deckel und mittlerer Hitze köcheln lassen. • Die abgeseihte Brühe ganz heiß in saubere Schraubgläser füllen, sofort verschließen und auskühlen lassen, bis sich ein Vakuum gebildet hat.

Tipp: Im Kühlschrank ist die Gemüsebrühe ein paar Wochen haltbar.

HÜHNERKRAFTSUPPE

2 HÜHNERKEULEN

3 mittelgroße KAROTTEN

3 PASTINAKEN

1 SELLERIEKNOLLE

1 mittelgroße ZWIEBEL MIT SCHALE

2 Bund PETERSILIE

AUS DEM VORRAT: 3 EL OLIVENÖL • 3 LORBEERBLÄTTER • 4 WACHOLDERBEEREN • 1 TL LIEBSTÖCKEL • 1 TL MAJORAN • 1 TL THYMIAN • SALZ

FÜR 4,5 L BRÜHE

20 MIN. + MIND. 2 STD. GAREN

In einem großen Topf Olivenöl erhitzen, die Hühnerkeulen ohne Haut darin von beiden Seiten scharf anbraten, beiseitelegen. • Gemüse waschen, putzen, grob schneiden, Petersilie grob hacken. Gemüse mit Petersilie und einer geviertelten Zwiebel in dem Topf scharf anrösten. Immer wieder umrühren. • Keulen dazugeben, mit 5 l heißem Wasser und den Gewürzen 2 Stunden bei geschlossenem Deckel köcheln lassen. • Die abgeseihte Brühe ganz heiß in saubere Schraubgläser füllen, sofort verschließen und auskühlen lassen. Im Kühlschrank aufbewahren.

Tipp: Das Huhn sollte unbedingt aus artgerechter Haltung sein!

SUPPENWÜRZE IM GLAS

100 g
GEMÜSE (Z. B. KAROTTE, SELLERIE, PASTINAKE, FENCHEL)

1 kleine
ZWIEBEL

½ Bund
PETERSILIE

AUS DEM VORRAT: 1 KNOBLAUCHZEHE • 12 G SALZ

3 SCHRAUBGLÄSER À 250 ML ZUM ABFÜLLEN

30 MIN.

Gemüse, Zwiebel und Knoblauch waschen, wenn notwendig, schälen, fein hacken. Petersilie ebenfalls hacken. Alles mit dem Salz vermischen und kurz durchziehen lassen. Pro 100 g Gemüse braucht es 12 g Salz! • In desinfizierte Schraubgläser gefüllt, hält sich die Suppenwürze im Kühlschrank ein paar Wochen. • Eignet sich perfekt zum Verfeinern von Suppen und Saucen oder zum Anrühren einer klaren Gemüsesuppe. Dafür 1 EL Suppenwürze mit 250 ml heißem Wasser aufgießen.

Tipp: Zum Hacken eignet sich am besten ein Food Processor.

MISO-SUPPE MIT ALGEN

10 g
GETROCKNETE WAKAME-ALGEN

200 g
SHIITAKEPILZE

150 g
TOFU

1
FRÜHLINGSZWIEBEL

2 EL
MISO

½
LIMETTE

AUS DEM VORRAT: 500 ML GEMÜSEBRÜHE (SEITE 52) • 2 EL SOJASAUCE • 2 TL SCHWARZER SESAM

2 PORTIONEN

30 MIN.

Wakame-Algen 10 Min. in warmem Wasser einweichen. Pilze putzen und in mundgerechte Stücke schneiden. Tofu klein würfeln, Frühlingszwiebel fein hacken. • Gemüsebrühe kurz aufkochen, Hitze reduzieren, die Pilze darin 3 Min. ziehen lassen. • Etwas Suppe in einer Tasse mit dem Miso verrühren und wieder zum Rest der Suppe rühren, wobei diese nicht mehr kochen darf. • Abgetropfte Algen, Frühlingszwiebel und Tofu zur Suppe geben, mit Sojasauce und Limettensaft abschmecken, in Teller geben und mit Sesam bestreuen.

Tipp: Miso-Suppe ist ideal bei Kopfschmerzen, Migräne oder Entzündungen.

FRÜHLINGSHAFTE RADIESCHENSUPPE

3 Bund
RADIESCHEN

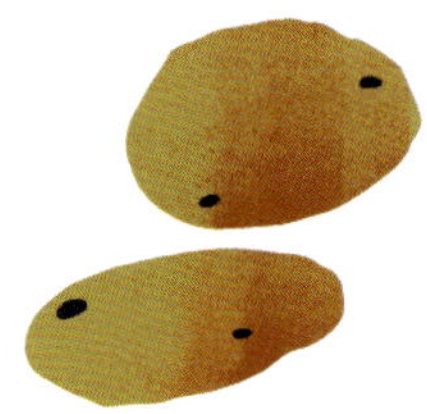

200 g
KARTOFFELN

2
FRÜHLINGSZWIEBELN

AUS DEM VORRAT: 2 EL BUTTER • 800 ML GEMÜSEBRÜHE (SEITE 52) • SALZ • PFEFFER • MUSKAT

PORTIONEN

30 MIN. +
20 MIN.
KOCHEN

Radieschen waschen, das Grün entfernen und beiseitelegen. Kartoffeln und Frühlingszwiebeln schälen und mit den Radieschen klein schneiden. Einige Radieschenscheiben beiseitelegen. • Die Butter in einem Topf zerlassen und die Frühlingszwiebel darin glasig dünsten. Kartoffeln und Radieschen hinzufügen und mit den Frühlingszwiebeln sanft anrösten. Mit der Brühe ablöschen und bei geschlossenem Deckel 20 Min. köcheln lassen. • Das weich gekochte Gemüse mit einem Mixstab pürieren. Mit Salz, Pfeffer und Muskat abschmecken. • Mit ein paar Radieschenscheiben und gehacktem Radieschengrün bestreuen und servieren.

Tipp: Radieschen haben eine wohltuende Wirkung auf die Lunge.

HERBSTLICHE KÜRBIS-KOKOS-SUPPE

1 kg
HOKKAIDO-KÜRBIS

1 mittelgroße
ZWIEBEL

1 daumengroßes Stück
INGWER

250 ml
KOKOSMILCH AUS DER DOSE

4 Zweige
FRISCHER KORIANDER

AUS DEM VORRAT: 1 EL KOKOSÖL • 1 L GEMÜSEBRÜHE (SEITE 52) • 1 EL GETROCKNETER KORIANDER • 1 TL CURRYPULVER • SALZ • PFEFFER • ETWAS ZITRONENSAFT

4 PORTIONEN

20 MIN. +
30 MIN. GAREN

Hokkaido-Kürbis waschen, entkernen und mit Schale würfeln. Zwiebel schälen. Ingwer und Zwiebel fein hacken. Korianderblätter klein schneiden. • In einem Topf Kürbis, Zwiebel und Ingwer in Kokosöl anschwitzen. Mit Gemüsebrühe ablöschen und mit Koriander und Currypulver 30 Min. bei geschlossenem Deckel köcheln lassen. • Kokosmilch dazugeben und die Suppe mit einem Mixstab pürieren. Mit Salz, Pfeffer und Zitronensaft würzen und mit frischem Koriander bestreuen.

Tipp: Wohltuend im Herbst: Kürbis hilft gegen Schleimbildung und wirkt auswurffördernd.

SOMMERLICHE GERSTENSUPPE MIT BOHNEN

100 g GERSTE — 1 Glas (360 g) KIDNEYBOHNEN — 2 mittelgroße KAROTTEN

½ SELLERIEKNOLLE — 3 mittelgroße KARTOFFELN — 1 kleine LAUCHSTANGE

AUS DEM VORRAT: 2 EL OLIVENÖL • SALZ • PFEFFER • 2 EL MAJORAN

4 PORTIONEN

30 MIN.

Gerste und Kidneybohnen in einem Sieb gut abspülen. Gemüse waschen, Sellerie und Kartoffeln schälen und würfeln. Lauch in Ringe, Karotten in Würfel schneiden. • In einem Topf Öl erhitzen und das Gemüse darin anrösten. Mit 2 l Wasser aufgießen, Gerste dazugeben und 20 Min. köcheln lassen, bis die Gerste aufquillt und weich ist. • Bohnen hinzufügen, mit Salz, Pfeffer und Majoran würzen und die Suppe genießen.

Tipp: Gerstensuppe ist ein wahres Yin-Tonikum und ideal auch in den Wechseljahren.

WINTERLICHE ROTKOHLSUPPE

800 g ROTKOHL — 2 ROTE ZWIEBELN — 2 kleine ÄPFEL

1 daumengroßes Stück INGWER — 200 ml KOKOSMILCH AUS DER DOSE — 8 VORGEGARTE MARONI

AUS DEM VORRAT: 4 KNOBLAUCHZEHEN • 1 EL KOKOSÖL • ½ TL GEMÖRSERTE FENCHELSAMEN • 1 L GEMÜSEBRÜHE (SEITE 52) • 1 PRISE MUSKAT • SALZ • PFEFFER • SAFT VON 1 ZITRONE

4 PORTIONEN

30 MIN. + 30 MIN. GAREN

Rotkohl, Zwiebeln, Knoblauch und Äpfel waschen und ggf. schälen. Zwiebeln, Knoblauch und Ingwer hacken, Äpfel würfeln. • Rotkohl in Streifen schneiden und in einem Topf in Kokosöl anschwitzen. Zwiebel, Knoblauch und Ingwer dazugeben. Äpfel hinzufügen und alles kurz anrösten. Mit Brühe aufgießen und mit Fenchelsamen 30 Min. bei geschlossenem Deckel köcheln lassen. • Kokosmilch dazugeben, die Suppe pürieren und mit den Gewürzen und Zitronensaft abschmecken. • Anrichten und mit grob geschnittenen Maroni bestreuen.

Tipp: Rotkohl vertreibt kalte Füße und Husten und wirkt durchblutungsfördernd.

ANNAS RATZFATZ-SUPPE

1 Glas (360 g) KIDNEYBOHNEN

1 Glas (200 g) KICHERERBSEN

1 Glas (340 g) MAIS

1 Flasche (750 ml) TOMATENPASSATA

AUS DEM VORRAT: ½ TL KREUZKÜMMEL • ½ TL OREGANO • PFEFFER • SALZ

4 PORTIONEN

15 MIN.

Die Kidneybohnen, die Kichererbsen und den Mais in einem Sieb unter fließendem Wasser abspülen und in einen Topf geben. • Tomatenpassata dazugeben. Mit Kreuzkümmel, Oregano, Pfeffer und etwas Salz abschmecken und die Suppe auf mittlerer Flamme erwärmen. • Gegebenenfalls etwas heißes Wasser dazugeben und in Suppentellern servieren.

Tipp: Diese Suppe kannst du auch als Eintopf genießen, wenn du sie etwas einkochst.

SCHNELLE REISNUDELSUPPE

½ Packung (200 g) REISNUDELN

10 SHIITAKEPILZE

3 FRÜHLINGSZWIEBELN

½ Kopf CHINAKOHL

2 Scheiben INGWER MIT SCHALE

4 EL MISOPASTE

AUS DEM VORRAT: 2 EL OLIVENÖL • 1,5 L GEMÜSEBRÜHE (SEITE 52) • 1 TL LIEBSTÖCKEL • SOJASAUCE

4 PORTIONEN

30 MIN.

Reisnudeln in kaltem Wasser einweichen. Shiitakepilze putzen und in Streifen schneiden. Frühlingszwiebeln und den Ingwer klein würfeln, den Chinakohl in dünne Streifen schneiden. • Chinakohl, Ingwer und Frühlingszwiebeln in einem Topf mit heißem Olivenöl dünsten. Mit Gemüsebrühe ablöschen und ca. 15 Min. köcheln lassen. • Die Shiitakepilze dazugeben und ein paar Min. sanft mitgaren. Liebstöckel und Reisnudeln dazugeben und kurz ziehen lassen. • Das in etwas abgekühltem Kochwasser gelöste Miso und die Sojasauce einrühren und die Suppe servieren.

Tipp: Kräftigt und stärkt das Immunsystem.

QUINOA-BROKKOLI-SALAT

90 g
QUINOA

1 kleiner
BROKKOLI

1 mittelgroße
SÜSSKARTOFFEL

1
GURKE

½
GRANATAPFEL

4 EL
MANDELBLÄTTCHEN

AUS DEM VORRAT: SALZ • 1 EL BUTTER • CASHEW-DILL-DRESSING (SEITE 74)

2 PORTIONEN

40 MIN.

Quinoa gut abspülen und nach Packungsanleitung kochen. • Den Brokkoli waschen, die Röschen abschneiden, den Brokkolistiel schälen, fein würfeln und alles in Salzwasser bissfest kochen. • Die Süßkartoffel schälen, in Würfel schneiden und mit der Butter in einer Pfanne weich dünsten. • Gurke würfeln, gekochten Brokkoli zerkleinern, mit Quinoa, Süßkartoffel, den herausgelösten Granatapfelkernen, Mandelblättchen und dem Cashew-Dill-Dressing vermischen und auf 2 Tellern anrichten.

Tipp: Dieser Salat baut Blut und kostbare Körpersäfte auf.

KICHERERBSEN MIT ROTER PAPRIKA UND SPINAT

2
ROTE PAPRIKA

200 g
(BABY-)SPINAT

1 Glas (350 g)
KICHERERBSEN

AUS DEM VORRAT: 1 EL OLIVENÖL • SALZ • ½ TL KURKUMAPULVER

2 PORTIONEN

15 MIN.

Paprika waschen, putzen, in kleine Würfel schneiden und in einer Pfanne mit Olivenöl weich dünsten. • (Baby-)Spinat waschen, zur Paprika geben und bei geschlossenem Deckel dünsten, bis er zusammenfällt. Salzen und mit Kurkuma bestreuen. • Abgespülte Kichererbsen dazugeben und alles miteinander verrühren.

Tipp: Nimm dir diesen Salat als Zwischenmahlzeit im Schraubglas mit.

GERSTENSALAT MIT ROTER BETE

600 g
ROTE BETE

350 g
GERSTE

2 Handvoll
WALNÜSSE

150 g
FETA

4 Handvoll
RUCOLA

AUS DEM VORRAT: 3 EL OLIVENÖL • SALZ • 1 EL MAJORAN • ORANGENDRESSING (SEITE 70)

4 PORTIONEN

30 MIN. + 30 MIN. BACKEN

Backofen auf 220 Grad vorheizen. • Rote Bete (am besten mit Küchenhandschuhen) schälen, in ca. 1 cm dicke Spalten schneiden und in einer Schüssel mit Olivenöl, Salz und Majoran verrühren. • Auf einem Backblech verteilen und im Ofen 30 Min. backen, bis sie weich ist. • In der Zwischenzeit Gerste unter fließendem Wasser ausspülen, nach Packungsanleitung (ca. 25 Min.) garen. • Walnüsse hacken. • Gerste in einer Schüssel mit der Roten Bete, den Walnüssen, zerbröseltem Feta, dem Rucola und dem Orangendressing verrühren.

Tipp: Der Salat schmeckt warm und kalt.

KARTOFFELSALAT EINMAL ANDERS

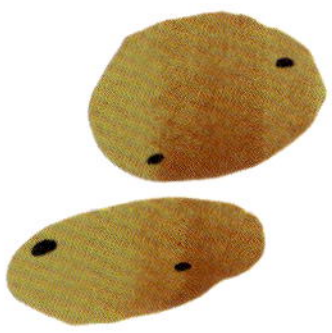

300 g
KARTOFFELN

50 g braune
LINSEN

1
GURKE

1
AVOCADO

1 Becher
JOGHURT

½
EISBERGSALAT

AUS DEM VORRAT: SALZ • PFEFFER • BASILIKUM-HASELNUSS-DRESSING (SEITE 71)

2 PORTIONEN

20 MIN. + 20 MIN. GAREN

Kartoffeln schälen, vierteln und in Salzwasser ca. 20 Min. bissfest kochen. • Linsen nach Packungsanleitung garen, dann mit kaltem Wasser abspülen. • Gurke waschen und mit der Avocado in Würfel schneiden. • Kartoffeln, Linsen, Gurke und Avocado in einer Schüssel salzen und pfeffern und mit dem Basilikum-Haselnuss-Dressing vermischen. • Joghurt auf dem Boden einer Salatplatte verstreichen, Salatblätter darauf verteilen und den Kartoffelsalat darauf anrichten.

Tipp: Probiere auch mal einen pflanzlichen Joghurt als Alternative.

Eine leckere Variation! Übrigens: Kartoffeln stärken unsere Verdauung und wirken ausgleichend bei Übersäuerung.

SCHNELLSTER SHRIMPSSALAT

200 g
CHERRYTOMATEN

1 Bund
GRÜNER SPARGEL

2
ROTE ZWIEBELN

3 mittelgroße
KAROTTEN

18
SHRIMPS

1 kleiner Kopf
GRÜNER SALAT

AUS DEM VORRAT: 3 EL OLIVENÖL • SALZ • PFEFFER • ½ TL OREGANO • SAFT VON 1 ZITRONE • ZITRONENDRESSING (SEITE 70)

2 PORTIONEN

20 MIN.
+ 17 MIN.
BACKEN

Backofen auf 200 Grad vorheizen. • Gemüse waschen. Tomaten halbieren, untere Spargelenden abbrechen. Zwiebel, Karotten und Spargel in grobe Stücke schneiden. • Gemüse auf dem Backblech verteilen, mit 2 EL Olivenöl beträufeln, mit Salz, Pfeffer und Oregano würzen und 10 Min. im Ofen garen. • Die Shrimps abspülen, trockentupfen und mit 1 EL Olivenöl, Salz, Pfeffer, Oregano und Zitronensaft marinieren. Backblech aus dem Ofen nehmen, Gemüse zur Seite schieben, die Shrimps in der Mitte platzieren und 7 Min. garen. • Das Gemüse und die Shrimps mit grünem Salat und dem Zitronendressing vermischen.

Tipp: Shrimps gelten von ihrer thermischen Wirkung her als erhitzend und sollten bei Migräne gemieden werden!

GRÜNE-BOHNEN-RINDFLEISCH-SALAT

150 g
RINDFLEISCH (Z. B. AUS DER RINDERKRAFTSUPPE, SEITE 50)

500 g
GRÜNE BOHNEN

2
FRÜHLINGSZWIEBELN

20 g
FRISCHER MEERRETTICH

4 EL
KÜRBISKERNÖL

2 EL
KÜRBISKERNE

AUS DEM VORRAT: 1 EL BALSAMICOESSIG • SALZ

2 PORTIONEN

30 MIN.

Rindfleisch in Salzwasser weich kochen oder gekochtes Fleisch aus einer Rinderkraftsuppe verwenden. • Bohnen waschen, Enden abschneiden und die Schoten in Salzwasser ca. 10 Min. garen. • Das Rindfleisch in kleine Würfel schneiden. Frühlingszwiebeln in feine Ringe schneiden. Meerrettich fein reiben. • Grüne Bohnen abseihen und mit dem Rindfleisch, den Frühlingszwiebeln und dem Meerrettich in einer Schüssel vermengen. • Den Salat mit Balsamico, Kürbiskernöl und Salz abschmecken und mit Kürbiskernen bestreut servieren.

Tipp: Laut TCM stärken grüne Bohnen die Libido und Fortpflanzungsorgane.

WARMER GEMÜSESALAT

1 Tasse (100 g)
BRAUNE LINSEN

3 mittelgroße
KAROTTEN

1 Kopf
BROKKOLI

1 Handvoll
WALNÜSSE

80 g
RUCOLA

200 g
FETA

AUS DEM VORRAT: 3 EL OLIVENÖL • SALZ • PFEFFER • HUMMUS-DRESSING (SEITE 74)

4 PORTIONEN

20 MIN. + 8 STD. EINWEICHEN + 30 MIN. GAREN

Linsen über Nacht in Wasser einweichen und am nächsten Tag 30 Min. in frischem Wasser kochen. • Backofen auf 200 Grad vorheizen. • Gemüse waschen, schälen und klein schneiden, auf einem Backblech mit Olivenöl, Salz und Pfeffer würzen und 30 Min. im Ofen garen. • Walnüsse grob hacken und in einer Pfanne anrösten, bis sie zu duften beginnen. • Das Ofengemüse mit Rucola, den Linsen, den gerösteten Walnüssen und dem Feta in einer großen Schüssel mit dem Hummus-Dressing vermischen.

Tipp: Experimentiere mit verschiedenem saisonalen Gemüse.

KÖSTLICHER ASIA-SALAT

150 g SOJABOHNEN — *150 g* ROTKOHL — *150 g* KAROTTEN

150 g GURKE — *200 g* SHIITAKEPILZE — *50 g* GERÖSTETE ERDNÜSSE

AUS DEM VORRAT: 2 EL OLIVENÖL • 1 EL SOJASAUCE • ERDNUSSDRESSING (SEITE 71)

2 PORTIONEN

20 MIN. + 8 STD. EINWEICHEN + 40 MIN. GAREN

Die Sojabohnen über Nacht in Wasser einweichen und nach Packungsanleitung kochen. • Das Gemüse waschen, Rotkohl und Karotten in feine Streifen schneiden und mit Öl im Wok kurz scharf anbraten. • Gurke in Stücke schneiden. Shiitake putzen, in Scheiben schneiden und 5 Min. in Sojasauce und etwas Wasser anbraten. • Das Gemüse in einer Salatschüssel mit den Sojabohnen, den Shiitakepilzen, den gerösteten Erdnüssen und dem Erdnussdressing vermengen und anrichten.

Tipp: Richte den Salat zusätzlich mit frischen Kräutern an.

BUNTER REISNUDEL-SALAT

¼ ROTKOHL — *185 g* REISNUDELN — *1 mittelgroße* KAROTTE

5 RADIESCHEN — *2* FRÜHLINGSZWIEBELN — *1 kleines Bund* FRISCHER KORIANDER

AUS DEM VORRAT: 3 EL OLIVENÖL • ASIA-DRESSING (SEITE 72)

2 PORTIONEN

30 MIN.

Rotkohl in dünne Streifen schneiden und in einem Wok in Olivenöl kurz und scharf anbraten. • Reisnudeln nach Packungsanweisung zubereiten. • Karotte waschen, putzen und in dünne Streifen schneiden. Radieschen in dünne Scheiben schneiden. Frühlingszwiebeln und Koriander fein hacken. • Nudeln und Gemüse in einer großen Salatschüssel mit dem Asia-Dressing vermischen.

Tipp: Eignet sich ideal zum Mitnehmen im Schraubglas als Mahlzeit für unterwegs.

SALAT AUS DEM GLAS ZUM MITNEHMEN

1 kleiner
APFEL

85 g
GURKE

75 g
KNACKIGER SALAT

1 kleine Handvoll
FRISCHE PETERSILIE

75 g
GEKOCHTE GRÜNE LINSEN

100 g
GEKOCHTE QUINOA

AUS DEM VORRAT: 1 SPRITZER BALSAMICOESSIG • 2 EL OLIVENÖL • 1 TL HONIG • 1 PRISE SALZ • 1 PRISE KURKUMA • 1 PRISE KREUZKÜMMEL

1 PORTION

15 MIN.

Für das Dressing den Balsamicoessig mit Olivenöl, Honig, den Gewürzen und eventuell etwas Wasser vermischen. • Apfel waschen, entkernen und würfeln. Gurke in kleine Würfel, Salat in Streifen schneiden. Petersilie waschen und fein hacken. • Nun wird in ein 1-Liter-Schraubglas geschichtet: Dressing ganz unten, Gurke, Linsen, Quinoa, Apfel, Salat, Petersilie. • Verschrauben, mitnehmen und den Salat genießen.

Tipp: Als Topping schmecken Sonnenblumenkerne und gehackte Mandeln sehr gut dazu.

Die **TCM-KÜCHE**
empfiehlt Gemüse in gekochter Form:
Es stärkt die **MITTE.**

ORANGENDRESSING

3 ORANGEN — *1 kleines Stück* INGWER (CA. 1 CM)

AUS DEM VORRAT: 4 EL OLIVENÖL • 1 EL HONIG • SALZ

4 PORTIONEN

10 MIN.

Den Saft der Orangen auspressen. Den Ingwer waschen und mit der Schale ganz fein hacken. • Den Orangensaft mit Olivenöl, Honig, Ingwer und etwas Salz in einem Schraubglas gut miteinander verschütteln.

Tipp: Passt ideal zum Gerstensalat mit Roter Bete (Seite 62).

ZITRONENDRESSING

Saft von 1 LIMETTE

AUS DEM VORRAT: 2 EL ZITRONENSAFT • 2 EL OLIVENÖL • 1 EL HONIG • ½ EL CHILIPULVER • SALZ • PFEFFER

2 PORTIONEN

5 MIN.

Alle Zutaten in einer Schüssel miteinander verrühren. • Das Zitronendressing passt besonders gut zum Shrimpssalat (Seite 64).

Tipp: Zitronen und Limetten sind gute Alternativen zu Essig, der thermisch erhitzend wirkt.

BASILIKUM-HASELNUSS-DRESSING

1 Bund BASILIKUM — *20 g* GERIEBENER PARMESAN — *2 EL* HASELNÜSSE

AUS DEM VORRAT: SAFT EINER ½ ZITRONE • SALZ • PFEFFER • 4 EL OLIVENÖL

1 PORTION

5 MIN.

Basilikumblätter, Parmesan, Haselnüsse, Zitronensaft, Salz, Pfeffer und Olivenöl im Mixer zu einer cremigen Masse verarbeiten. Am besten eignen sich dafür ein Food Processor oder auch ein Stabmixer. • Schmeckt nicht nur zum Kartoffelsalat (Seite 63) hervorragend, sondern auch als Würze in Suppen oder zu Wokgemüse.

Tipp: Frischer Basilikum nährt das Blut.

ERDNUSSDRESSING

30 g ERDNUSSMUS — *1 kleines Stück* INGWER (OPTIONAL)

AUS DEM VORRAT: ½ KNOBLAUCHZEHE (OPTIONAL) • 1 EL ZITRONENSAFT • 1 EL SOJASAUCE • 1 TL HONIG

2 PORTIONEN

5 MIN.

Knoblauch schälen und mit dem Ingwer ganz fein reiben. • Sämtliche Zutaten in einer kleinen Schüssel miteinander verrühren, nach und nach esslöffelweise Wasser dazugeben, bis die gewünschte Konsistenz erreicht ist und eine homogene Sauce entsteht. • Passt zu Salaten, Wokgemüse und Getreide. Am besten zum Asia-Salat (Seite 67).

Tipp: Das Dressing hält sich ein paar Tage im Kühlschrank.

ASIA-DRESSING

1 TL
FRISCHER INGWER

2 EL
ERDNUSSBUTTER

1 EL
SESAMÖL

1 EL
SRIRACHA-SAUCE

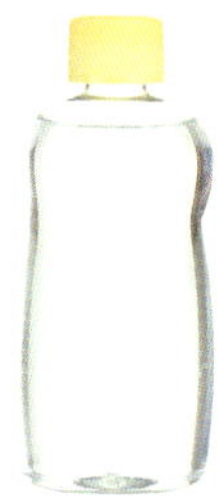

2 EL
REISESSIG

AUS DEM VORRAT: 1 KNOBLAUCHZEHE • 1 EL HONIG • 4 EL SOJASAUCE

2 PORTIONEN

5 MIN.

Knoblauchzehe schälen und auf einem Holzbrett mit der flachen Seite eines Messers zu einer Paste zerdrücken. Ingwer fein reiben. • Knoblauch und Ingwer mit den restlichen Zutaten mit einer Gabel zu einem Dressing verrühren.

Tipp: Passt sehr gut zum Reisnudel-Salat (Seite 67).

HUMMUS-DRESSING

4 EL
HUMMUS

AUS DEM VORRAT: 2 KNOBLAUCHZEHEN • 2 EL ZITRONENSAFT • 1 TL HONIG • 1 EL BALSAMICOESSIG • 2 EL OLIVENÖL • 1 TL OREGANO • 1 TL BASILIKUM • JE ½ TL SALZ UND PFEFFER

4 PORTIONEN

5 MIN.

Knoblauch schälen und fein hacken. • Sämtliche Zutaten in ein Schraubglas geben und gut miteinander verschütteln. • Das Dressing hält sich einen Tag im Kühlschrank.

Tipp: Passt ideal zum Gemüsesalat (Seite 66).

CASHEW-DILL-DRESSING

140 g
CASHEWKERNE

1 Bund
DILL

300 ml
PFLANZENMILCH

1 TL
DIJONSENF

AUS DEM VORRAT: 2 EL ZITRONENSAFT • 1 TL SALZ • 1 KNOBLAUCHZEHE • 1 PRISE PFEFFER

2 PORTIONEN

10 MIN. + 8 STD. EINWEICHEN

Cashewkerne am besten über Nacht in Wasser einweichen. • Für das Dressing werden alle Zutaten mit dem Pürierstab miteinander gemixt, bis eine cremige, homogene Masse entsteht. • Das Dressing passt wunderbar zum Quinoa-Brokkoli-Salat (Seite 60).

Tipp: Probiere das Dressing auch zu Wokgemüse oder als Grillsauce.

ERBSEN-HUMMUS

1 Glas (240 g)
KICHERERBSEN

1 kleines Bund
FRISCHER KORIANDER

1 Glas (200 g)
ERBSEN

3 El
TAHINI (SESAMMUS)

AUS DEM VORRAT: 2 KNOBLAUCHZEHEN • 5 EL OLIVENÖL • SAFT VON 1 ZITRONE • 1 PRISE GEMAHLENER KÜMMEL • 1 TL PAPRIKAPULVER • SALZ

6 PORTIONEN

20 MIN.

Kichererbsen in einem Sieb unter fließendem Wasser gut abspülen. Korianderblätter hacken. • Kichererbsen mit allen restlichen Zutaten bis auf den Koriander im Food Processor oder mit einem Pürierstab zu einer feinen Masse mixen. Falls sie zu fest ist, etwas Wasser dazugeben. Salzen und mit gehacktem Koriander servieren. • Der Hummus passt ideal zu den Gemüse-Hirse-Bällchen (Seite 44).

Tipp: Schmeckt auch lecker auf getoastetem Brot oder zu Gemüsesticks.

ARTISCHOCKEN-CASHEW-AUFSTRICH

190 g
ARTISCHOCKENHERZEN IN ÖL

240 g
CASHEWMUS

40 g getrocknete
TOMATEN IN ÖL

AUS DEM VORRAT: 1 PRISE PFEFFER

4 PORTIONEN

5 MIN.

Abgetropfte Artischocken mit Cashewmus, Pfeffer, 70 ml Wasser und den abgetropften Tomaten pürieren. • Dieser Aufstrich passt ideal auf ein getoastetes Brot, als Dip zu Gemüsesticks oder zu den Gemüse-Hirse-Bällchen (Seite 44).

Tipp: Brot ist bekömmlicher, wenn du es getoastet genießt, dann wirkt es weniger verschleimend.

SCHWARZES BOHNENMUS ZUR STÄRKUNG

500 g
SCHWARZE BOHNEN

1 Stück
INGWER (CA. 1 CM)

50 g
SCHWARZER SESAM

½ TL
BOCKSHORNKLEESAMENPULVER

1
AVOCADO

AUS DEM VORRAT: 1 SPRITZER ZITRONE • 1 EL OLIVENÖL • 1 TL BALSAMICOESSIG • SOJASAUCE

4 PORTIONEN

10 MIN.
+ 12 STD.
EINWEICHEN +
45 MIN. GAREN

Schwarze Bohnen in 1 ½ l Wasser über Nacht einweichen. • Ingwer reiben. • Bohnen abspülen und mit 1 ¼ l Wasser, Sesam, einem Spritzer Zitrone, Bockshornkleesamenpulver und Ingwer 45 Min. köcheln lassen. • Mit dem Pürierstab mixen, bis eine homogene Masse entsteht. Mit Olivenöl, Balsamicoessig und Sojasauce abschmecken. • Die Avocado aufschneiden, den Kern entfernen, das Fruchtfleisch mit einem Löffel herausheben und würfeln. • Das Bohnenmus mit den Avocadowürfeln anrichten und genießen.

Tipp: Dieses Bohnenmus nährt die Körperessenz, Haare, Nägel, Knochen, Blut und stärkt die Nieren.

PETERSILIEN-PESTO

2 Bund FRISCHE PETERSILIE — *60 g* PINIENKERNE — *80 g* PARMESAN

AUS DEM VORRAT: 2 KNOBLAUCHZEHEN • 200 ML OLIVENÖL • ½ TL SALZ

2 PORTIONEN

15 MIN.

Knoblauch schälen, fein hacken und mit der flachen Seite eines Messers auf einem Brett zu einer cremigen Konsistenz zerdrücken. Petersilie abspülen, trocken schütteln und grob hacken. Parmesan reiben. • Bis auf den Parmesan alle Zutaten mit dem Pürierstab mixen. • Geriebenen Parmesan unterheben, das Pesto in saubere Gläser füllen, mit einer zusätzlichen dünnen Olivenölschicht bedecken und im Kühlschrank aufbewahren.

Tipp: Ideal zum Würzen von Suppen geeignet.

LAUCH-DIP

1 Stange LAUCH — *3 EL* CRÈME FRAÎCHE — *5 EL* JOGHURT

AUS DEM VORRAT: 1 KNOBLAUCHZEHE • 1 EL OLIVENÖL • SALZ • PFEFFER

2 PORTIONEN

15 MIN.

Lauch waschen und putzen. Der Länge nach vierteln, dann klein schneiden. Knoblauch schälen und fein hacken. • Lauch in einer Pfanne mit Olivenöl anbraten, bis er weich ist. Mit den restlichen Zutaten zu einem Dip verrühren. • Der Lauch-Dip passt ideal zu den Blumenkohl-Nuggets (Seite 110).

Tipp: Probiere als Alternative auch mal pflanzlichen Joghurt und pflanzliche Crème fraîche.

ERKÄLTUNGSTEE GEGEN SCHNUPFENNASEN

2
DATTELN OHNE KERN

1 Stück
INGWER (CA. 2 CM)

1
ZIMTSTANGE

1
STERNANIS

AUS DEM VORRAT: 3 GEWÜRZNELKEN • HONIG

1 BECHER À 250 ML

20 MIN.

Datteln und Ingwer klein schneiden. • Alle Zutaten in einem Topf mit 500 ml Wasser 20 Min. bei offenem Deckel kochen. Mit Honig süßen. • Wenn der Tee zu scharf ist, einfach mit Wasser verdünnen. Am besten sofort eine Tasse trinken, wenn die ersten Erkältungserscheinungen auftreten: Schüttelfrost, Kälteempfindlichkeit, Muskelschmerzen, laufende Nase, Niesen. Danach sofort ins Bett, ausschwitzen und ausschlafen. • Dieser Tee vertreibt über das Schwitzen die eingedrungene Kälte aus dem Körper.

Tipp: Zusätzlich hilft ein heißes Fußbad mit Senfkörnern.

STAUDENSELLERIESUD BEI KOPFSCHMERZEN

1 Stange
STAUDENSELLERIE

AUS DEM VORRAT: SALZ

3 TASSEN À 250 ML

10 MIN.

Selleriestange waschen und der Länge nach in Streifen schneiden. • Selleriestreifen in einem Topf mit 750 ml Wasser 5 Min. kochen, salzen und etwas abkühlen lassen. Tassenweise über den Tag verteilt trinken. • Der Staudensellerie kann als Beilage zur nächsten Mahlzeit gegessen werden. • Staudenselleriesud wird in der TCM bei Kopfschmerzen und Migräne empfohlen. Er senkt die Hitze ab, die im Körper aufsteigt und für Kopfschmerz verantwortlich sein kann.

Tipp: Die TCM empfiehlt eine Drei-Wochen-Kur zur Vorbeugung gegen Migräne.

ERFRISCHENDES SOMMERWASSER GEGEN HITZE

einige
GURKENSCHALEN

1 Handvoll
ERDBEEREN

1 Handvoll
HIMBEEREN

1 Stück
WASSERMELONE

2 Zweige
FRISCHE PFEFFERMINZE

1 Scheibe
FRISCHER INGWER

1 KRUG À 1 L

5 MIN.

In einem Krug ein paar Gurkenschalen, Erdbeeren, Himbeeren, ein Wassermelonenstück, frische Pfefferminze und eine Ingwerscheibe mit 1 l Wasser übergießen. • Nach ein paar Minuten entfaltet sich der erfrischende Duft. • Wirkt gegen Sommerhitze und hilft, kostbare Körpersäfte aufzubauen, die durch das Schwitzen verloren gehen. Der Ingwer gleicht die kalte Thermik etwas aus und schont damit die Körpermitte und den Verdauungstrakt.

Tipp: Erdbeergrün und Melonenschale kommen mit in den Krug.

Ideal für HITZETAGE: Sommerwasser MIT frischem Obst und Ingwer

BUDDHA BOWL

1 mittelgroße
ROTE BETE

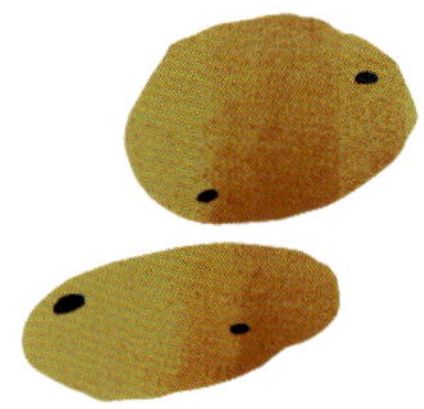

4 mittelgroße
KARTOFFELN

200 g
RÄUCHERTOFU

2
AVOCADOS

2 große Handvoll
FELDSALAT

1 Glas (200 g)
KICHERERBSEN

AUS DEM VORRAT: 1 EL BALSAMICOESSIG • 3 EL OLIVENÖL • SALZ • PFEFFER

2 PORTIONEN

40 MIN.

Rote Bete ungeschält in einem Topf mit Wasser 30 Min. kochen, abgießen, auskühlen lassen, die Haut abziehen und die Knolle in grobe Stücke schneiden. • Kartoffeln schälen, würfeln und in Salzwasser weich kochen. • Tofu würfeln, Avocadofruchtfleisch in Scheiben schneiden. • Den Feldsalat auf 2 Tellern verteilen. Rote Bete, Kartoffeln, Kichererbsen, Tofu und in der Mitte die Avocadoscheiben darauf anrichten. • Mit einem Dressing aus Essig, Öl, Salz und Pfeffer servieren.

Tipp: In ein Glas schichten für unterwegs und mit frischen Kräutern bestreuen.

Vollgepackt mit gesunden Zutaten:

GENIEßE DIE BUDDHA BOWL

zu Hause oder als Salat to go.

HIRSE MIT KAROTTEN UND STAUDENSELLERIE

125 g
HIRSE

2 mittelgroße
KAROTTEN

2 Stangen
STAUDENSELLERIE

1 Schale
KRESSE

AUS DEM VORRAT: 2 EL ROSINEN • 2 TL THYMIAN • 1 EL OLIVENÖL • SALZ

2 PORTIONEN

25 MIN.

Hirse im Sieb unter fließendem Wasser abspülen. • In einer beschichteten Pfanne vorsichtig anrösten, bis sie zu duften beginnt. Mit 300 ml Wasser ablöschen, Rosinen dazugeben, mit Thymian bestreuen und bei geschlossenem Deckel kurz aufkochen. Bei kleiner Hitze 15 Min. quellen lassen. • Karotten und Sellerie waschen, in kleine Würfel schneiden und in Olivenöl in einem Topf leicht anrösten, anschließend weich dünsten. • Mit der fertigen Hirse verrühren, salzen und mit Kresse bestreut servieren.

Tipp: Hirse stärkt den Verdauungstrakt.

CHILI SIN CARNE

500 g
KAROTTEN

1
ROTE PAPRIKA

1 mittelgroße
ZWIEBEL

1 Glas (360 g)
KIDNEYBOHNEN

1 Glas (340 g)
MAIS

1 Dose (400 g)
GEWÜRFELTE TOMATEN

AUS DEM VORRAT: 2 EL OLIVENÖL • 1 TL KÜMMEL, GEMAHLEN • 1 PRISE CHILIPULVER • 200 ML GEMÜSEBRÜHE (SEITE 52) • SALZ

4 PORTIONEN

30 MIN.

Karotten und Paprika waschen, putzen und klein schneiden. Zwiebel schälen und fein hacken. Kidneybohnen und Mais in einem Sieb unter fließendem Wasser abspülen. • Öl in einer Pfanne erhitzen und die Zwiebel glasig dünsten. Karotten und Paprika hinzufügen und ca. 5 Min. sanft anbraten. Nun die Tomaten, den Kümmel und etwas Chili einrühren und mit Gemüsebrühe aufgießen. Bei geschlossenem Deckel 15 Min. köcheln lassen. • Kidneybohnen und Mais hinzufügen, salzen und genießen.

Tipp: Kidneybohnen wirken besonders stärkend auf die Nieren.

SÜSSKARTOFFELGULASCH

1 mittelgroße ZWIEBEL

2 große PAPRIKA

250 g CHAMPIGNONS

1 Dose (400 g) GEWÜRFELTE TOMATEN

800 g SÜSSKARTOFFELN

AUS DEM VORRAT: 1 EL OLIVENÖL • 2 EL PAPRIKAPULVER • 400 ML GEMÜSEBRÜHE (SEITE 52) • SALZ

4 PORTIONEN

30 MIN. + 20 MIN. GAREN

Zwiebel schälen, fein hacken und in einem Topf mit etwas Olivenöl sanft glasig dünsten. Paprika waschen, putzen und klein schneiden. Champignons putzen und halbieren. • Zwiebel mit Paprikapulver bestreuen, etwas anbraten, Paprika und Champignons dazugeben und alles anrösten. Mit Tomatenwürfeln aufgießen und bei mittlerer Hitze 10 Min. einköcheln. • Süßkartoffeln schälen, würfeln, dazugeben und weich kochen. Mit Brühe aufgießen und nochmals 20 Min. köcheln lassen. Salzen und servieren.

Tipp: Dazu passt ein knackiger grüner Salat.

VEGETARISCHES SZEGEDINER GULASCH

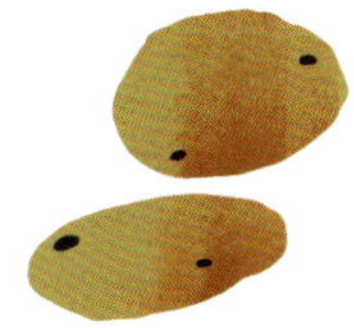

1 kg KARTOFFELN

1 mittelgroße ZWIEBEL

3 ROTE PAPRIKA

500 g SAUERKRAUT

3 EL TOMATENMARK

500 ml TOMATENPASSATA

AUS DEM VORRAT: 2 EL OLIVENÖL • 400 ML GEMÜSEBRÜHE (SEITE 52) • 1 LORBEERBLATT • 1 EL MAJORAN • SALZ • PFEFFER

4 PORTIONEN

30 MIN. + 25 MIN. GAREN

Kartoffeln und Zwiebel schälen und würfeln. Paprika waschen, putzen und in dünne Streifen schneiden. • Paprika, Zwiebel und Kartoffeln in einem Topf mit Olivenöl anbraten. Sauerkraut dazugeben, Tomatenmark unterrühren und das Gemüse ein paar Min. braten. • Mit Tomatenpassata und Brühe aufgießen, mit einem Lorbeerblatt und Majoran würzen und das Gemüsegulasch 25 Min. bei geschlossenem Deckel köcheln, bis die Kartoffeln gar sind. • Salzen, pfeffern und servieren.

Tipp: Dazu passt ein Klecks saure Sahne.

GEFÜLLTE TOMATEN

40 g REIS

30 g FETA

16 OLIVEN ENTKERNT

4 CHAMPIGNONS

8 mittelgroße TOMATEN

2 EL MANDELMUS

AUS DEM VORRAT: 1 TL CURRYPULVER • MUSKAT • SALZ • PFEFFER

2 PORTIONEN

30 MIN. + 20 MIN. BACKEN

Reis nach Packungsanleitung kochen. • Feta würfeln, Oliven klein schneiden, Champignons hacken. • Backofen auf 200 Grad vorheizen. • Von den Tomaten je einen Deckel abschneiden. Die Tomaten aushöhlen und das Innere in einer Schüssel mit Reis, Feta, Oliven und Champignons vermischen. Mit Currypulver, Muskat sowie Salz und Pfeffer würzen. • Die Tomaten mit der Masse füllen und in eine gefettete Auflaufform stellen. • Mandelmus mit etwas Wasser vermischen und als Käseersatz über die Tomaten geben. Die Deckel wieder auf die einzelnen Tomaten setzen. Ca. 20 Min. im Ofen backen.

Tipp: Alternativ kann geriebener Käse zum Überbacken verwendet werden.

ROTE-BETE-EINTOPF

1 Stück
INGWER (CA. 2 CM)

250 ml
KOKOSMILCH
AUS DER DOSE

300 g
SÜSSKARTOFFELN

400 g
ROTE BETE

200 g
BROKKOLI

4 große Handvoll
(BABY-)SPINAT

AUS DEM VORRAT: 1 BIO-ZITRONE • 500 ML GEMÜSEBRÜHE (SEITE 52) • THYMIAN • SALZ

6 PORTIONEN

40 MIN.

Ingwer mit Schale hacken. • Kokosmilch, Ingwer und 2 EL abgeriebene Zitronenschale mit der Gemüsebrühe 10 Min. in einem Topf köcheln lassen. • Süßkartoffeln und Rote Bete schälen. Brokkoli waschen und alles Gemüse in mundgerechte Stücke schneiden. • Zuerst die Rote Bete in den Topf geben und 10 Min. garen. Dann das restliche Gemüse dazugeben und nochmals 10 Min. köcheln lassen. Mit Zitronensaft, Thymian und Salz würzen. • Zum Schluss den (Baby-)Spinat unterrühren, den Eintopf auf 6 tiefe Teller verteilen und mit je einer Zitronenscheibe garniert servieren.

Tipp: Rote Bete kühlt und nährt dein Blut und unterstützt bei Entzündungen und innerer Unruhe.

Ein wahres

SUPER FOOD:

Rote Bete nährt Blut und kostbare Körpersäfte.

WEISSE WOK-PFANNE

1 Tasse (200 g) REIS

1 mittelgroße ZWIEBEL

800 g WEISSES KOHLGEMÜSE (Z. B. KOHLRABI, WEISSKOHL, BLUMENKOHL)

4 Zweige KORIANDER

1 Glas (350 g) KICHERERBSEN

200 ml KOKOSMILCH AUS DER DOSE

AUS DEM VORRAT: 2 EL KOKOSÖL • 1 EL SOJASAUCE • SALZ

4 PORTIONEN

40 MIN.

Reis in einem Sieb unter fließendem Wasser waschen, in einem Topf aufkochen und bei kleinster Hitze und geschlossenem Deckel quellen lassen. • Zwiebel schälen und fein hacken. Gemüse waschen, putzen und in mundgerechte Stücke schneiden. Korianderblätter hacken. • Kokosöl im Wok erhitzen und das Gemüse darin anbraten, bis es weich ist. • Kichererbsen in einem Sieb ausspülen und mit der Kokosmilch dazugeben. • Mit Sojasauce und Salz würzen und mit Koriander bestreut zum Reis servieren.

Tipp: Weißes Gemüse stärkt, befeuchtet die Lunge und lindert Trockenheit.

BLUMENKOHL-PIZZA

1 BLUMENKOHL

400 g GERIEBENER BERGKÄSE

4 EIER

4 mittelgroße TOMATEN

200 ml TOMATENPASSATA AUS DEM GLAS

AUS DEM VORRAT: ½ TL CURRYPULVER • ½ TL KREUZKÜMMEL • ½ TL GEMÖRSERTER FENCHELSAMEN • 1 PRISE SALZ • 1 EL OREGANO

4 PORTIONEN

30 MIN. + 30 MIN. BACKEN

Backofen auf 220 Grad vorheizen. • Blumenkohl waschen, in Röschen teilen, fein hacken und in einer Schüssel mit 300 g Käse, Eiern, Currypulver, Kreuzkümmel, Fenchelsamen und Salz vermischen, bis eine homogene Masse entsteht. • Den Teig auf einem mit Backpapier ausgelegten Blech verstreichen und 20 Min. backen. • Tomaten waschen und würfeln. Pizza mit der Tomatenpassata bestreichen, mit Tomatenwürfeln, dem restlichen geriebenen Käse und Oregano bestreuen und weitere 10 Min. im Ofen backen.

Tipp: Nach Lust und Laune belegen.

HIRSOTTO MIT PILZEN

500 g PILZE (Z. B. CHAMPIGNONS, SHIITAKE)

1 mittelgroße ZWIEBEL

100 g HIRSE

1 kleines BUND PETERSILIE

AUS DEM VORRAT: 1 KNOBLAUCHZEHE • 3 EL OLIVENÖL • 1 L GEMÜSEBRÜHE (SEITE 52) • SAFT EINER ½ ZITRONE • 4 EL SOJASAUCE • SALZ • PFEFFER

2 PORTIONEN

40 MIN.

Pilze putzen und in Scheiben schneiden. Knoblauch und Zwiebel fein hacken. • Alles in Olivenöl kurz anbraten. • Hirse abspülen, dazugeben, mit ein wenig Gemüsebrühe aufgießen und vollständig einkochen. Bei mittlerer Hitze unter ständigem Rühren garen und immer wieder mit Brühe aufgießen, sobald das Hirsotto eindickt. Mit Zitronensaft, Sojasauce, Salz und Pfeffer abschmecken. • Petersilie fein hacken und einen Teil einrühren. • Hirsotto mit der restlichen Petersilie bestreut servieren.

Tipp: Pilze gelten in der TCM als wahre Wunderwaffen bei jeglichen Beschwerden.

GEMÜSE-HIRSE-FRIKADELLEN

200 g HIRSEFLOCKEN

200 g ROTE PAPRIKA

1 kleines Bund PETERSILIE

200 g FETA

20 g GEPOPPTER AMARANTH

AUS DEM VORRAT: 400 ML GEMÜSEBRÜHE (SEITE 52) • 3 KNOBLAUCHZEHEN • PFEFFER • SALZ • 1 TL THYMIAN • ½ TL ROSMARIN • 40 G BUTTER • 2 EL OLIVENÖL

12 STÜCK

30 MIN.

Gemüsebrühe zum Kochen bringen, Hirseflocken einrühren, Herd abdrehen und die Hirse 20 Min. quellen lassen. • Paprika putzen und klein würfeln, Knoblauch fein hacken, Petersilie hacken. Feta würfeln. • Paprika und Knoblauch zur Hirse geben, pfeffern und salzen, Thymian und Rosmarin hinzufügen. Petersilie, Feta und Amaranth unterheben. • Aus der Masse 12 Frikadellen formen. Butter und Olivenöl in einer Pfanne erhitzen und die Frikadellen bei mittlerer Hitze je 3 Min. rundum braten. • Warm oder kalt servieren.

Tipp: Lassen sich wunderbar als Snack mitnehmen und schmecken warm und kalt.

KOHLPFANNE MIT TOFU UND PILZEN

150 g
WEISSKOHL

60 g
GRÜNKOHL

2 Handvoll
PILZE (Z. B. CHAMPIGNONS, SHIITAKE)

¼ Bund
KORIANDER

60 g
RÄUCHERTOFU

1 EL
TAHINI (SESAMMUS)

AUS DEM VORRAT: 4 EL SOJASAUCE • 3 EL OLIVENÖL • ETWAS ZITRONENSAFT • SALZ

2 PORTIONEN

30 MIN.

Weißkohl und Grünkohl waschen, putzen und in Streifen schneiden. Pilze putzen und grob hacken. Koriander abspülen und fein hacken. Tofu in Würfel schneiden. • Sojasauce, 1 EL Olivenöl, Tahini und etwas Wasser in ein Schraubglas füllen und zu einer Sauce verschütteln. • In einer Pfanne 2 EL Olivenöl erhitzen, den Tofu anbraten, Pilze und Kohl dazugeben und bei geschlossenem Deckel 10 Min. dünsten. • Mit der Sauce und der Hälfte des Korianders verrühren, mit Zitronensaft und Salz abschmecken. Mit dem restlichen Koriander bestreut servieren.

Tipp: Kohl wirkt lindernd bei Hautproblemen, verschleimter Lunge und innerer Unruhe. Kümmel und Fenchelsamen sorgen für eine bessere Verdaulichkeit.

KARTOFFEL-KICHERERBSEN-GULASCH

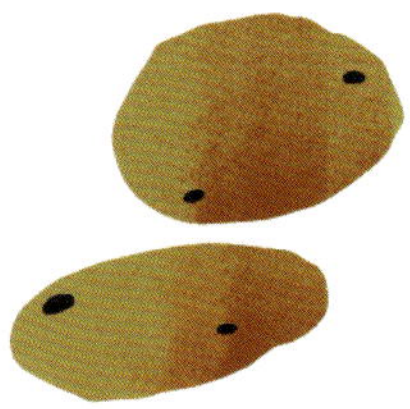

400 g
KARTOFFELN

2
ROTE PAPRIKA

2 mittelgroße
KAROTTEN

1 Glas (350 g)
KICHERERBSEN

1 Dose (200 g)
GEWÜRFELTE TOMATEN

200 ml
KOKOSMILCH
AUS DER DOSE

AUS DEM VORRAT: 2 KNOBLAUCHZEHEN • 2 EL OLIVENÖL • 400 ML GEMÜSEBRÜHE (SEITE 52) • 2 EL MAJORAN • 2 TL PAPRIKAPULVER, EDELSÜSS • ZITRONENSAFT • SALZ

4 PORTIONEN

40 MIN.

Die Kartoffeln schälen, Paprika und Karotten waschen, putzen und alles in Würfel schneiden. • Die Knoblauchzehen schälen, mit einem Messer auf einem Holzbrett zerdrücken und in einem großen Topf in Olivenöl leicht anbraten. Das Gemüse dazugeben und sanft anrösten. • Die Kichererbsen in einem Sieb abspülen und mit den gewürfelten Tomaten zu dem Gemüse geben. Mit Gemüsebrühe und Kokosmilch aufgießen, mit Majoran und Paprikapulver würzen und 20 Min. bei geschlossenem Deckel köcheln lassen. • Wenn das Gemüse weich ist, mit Zitronensaft und Salz abschmecken und servieren.

KICHER-ERBSEN

helfen bei trägem Darm und Neigung zu Verstopfung.

ZOODELN MIT HÜHNERSTREIFEN UND RUCOLA-PESTO

40 g
RUCOLA

15 g
PARMESAN

1 große (ca. 300 g)
ZUCCHINI

150 g
HÜHNERBRUSTFILET

100 g
COCKTAILTOMATEN

AUS DEM VORRAT: 3 EL OLIVENÖL • 1 SCHUSS ZITRONENSAFT • SALZ

2 PORTIONEN

30 MIN.

Rucola waschen, mit 1 EL Olivenöl und etwas Zitronensaft pürieren, mit geriebenem Parmesan und Salz verrühren. • Zucchini waschen und mit einem Spiralschneider in feine Spaghetti oder mit einem Sparschäler in dünne Streifen schneiden. • Das Hühnerbrustfilet in Streifen schneiden, salzen und in einer Pfanne in 1 EL Olivenöl anbraten. Auf einem Teller beiseitestellen. • Cocktailtomaten halbieren, mit den Zucchinistreifen in 1 EL Öl in der Pfanne bei geschlossenem Deckel 5 Min. dünsten. • Pesto unterrühren und mit dem Fleisch servieren.

ZOODELN

aus Zucchini und anderem Gemüse -
der ideale Nudelersatz

ASIA-HÄHNCHEN-EINTOPF

3
HÄHNCHENSCHLEGEL

200 g
CHAMPIGNONS

1 mittelgroße
ZWIEBEL

200 g
BABYSPINAT

15 g
FRISCHER MEERRETTICH

50 g
PETERSILIEN-WURZELN

AUS DEM VORRAT: 4 EL OLIVENÖL • 800 ML GEMÜSEBRÜHE (SEITE 52) • 3 EL SOJASAUCE • 1 KNOBLAUCHZEHE • 1 EL BUTTER • 1 EL HONIG • 1 PRISE MUSKATNUSS • PFEFFER • SALZ

3 PORTIONEN

30 MIN. + 30 MIN. GAREN

Hähnchen salzen und in 3 EL Öl rundum goldbraun braten. Mit 200 ml Brühe und 1 EL Sojasauce 30 Min. köcheln lassen. • Aus der Brühe nehmen. • Champignons putzen, halbieren. Knoblauch und Zwiebel klein schneiden. • Pilze in einem Topf mit 1 EL Öl anbraten, Butter, Knoblauch, Zwiebel, Spinat und Honig hinzufügen, anbraten und mit der restlichen Brühe und der Hühnerbrühe aufgießen. Mit Sojasauce, Salz, Pfeffer und Muskat würzen. • Meerrettich und Petersilienwurzel reiben, salzen und vermischen. • Huhn mit Suppe und Meerrettichmix genießen.

RINDFLEISCH MIT GEMÜSESAUCE UND PÜREE

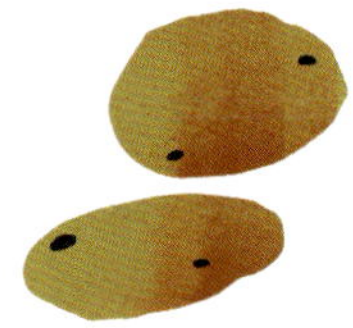

2 große
KARTOFFELN

2 große
SÜSSKARTOFFELN

100 ml
PFLANZENMILCH

AUS DEM VORRAT: FLEISCH UND GEMÜSE VON 2 L RINDERKRAFTSUPPE (SEITE 50) • 1 EL BUTTER • ½ TL GEMÖRSERTER KÜMMEL • ½ TL KURKUMA • 1 TL THYMIAN • ½ TL OREGANO • 1 MSP. ZIMT • 1 MSP. MUSKATNUSS • SALZ • PFEFFER

4 PORTIONEN

30 MIN.

Fleisch aus der Rinderkraftsuppe herausnehmen und in Scheiben schneiden. Das Gemüse aus der Kraftsuppe herausnehmen, würzen und mit etwas Suppenbrühe zu einer cremigen Sauce pürieren. • Kartoffeln und Süßkartoffeln schälen, würfeln und in Salzwasser 15 Min. garen. Mit einem kleinen Rest des Kochwassers, Butter, Pflanzenmilch und den Gewürzen zerstampfen. • Fleisch mit der Gemüsesauce anrichten und mit Süßkartoffelpüree servieren.

Tipp: Süßkartoffeln befeuchten trockene Haut und regulieren die Verdauung.

RINDERGULASCH À LA CHRISTL

1 kg
ZWIEBELN

1 kg
RINDERGULASCH

AUS DEM VORRAT: 4 EL OLIVENÖL • 2 EL PAPRIKAPULVER • SALZ • 1 EL MAJORAN • 6 WACHOLDERBEEREN • 2 LORBEERBLÄTTER

4 PORTIONEN

15 MIN. + 3–4 STD. GAREN

Zwiebeln schälen und in Ringe schneiden. • In einem Topf das Olivenöl erhitzen und die Zwiebelringe darin glasig dünsten. Hitze reduzieren, die Zwiebeln mit Paprikapulver bestreuen und unter ständigem Rühren eindicken lassen. • 500 ml Wasser im Wasserkocher erhitzen. • Rindfleisch zu den Zwiebeln geben und von allen Seiten unter Rühren scharf anbraten. Mit heißem Wasser ablöschen, mit Salz, Majoran, Wacholderbeeren und Lorbeer 3–4 Stunden bei kleiner Hitze und geschlossenem Deckel einköcheln lassen.

Tipp: Fleisch nährt Blut und kostbare Körpersäfte.

GEMÜSE AUS DEM BRÄTER MIT HÜHNERKEULEN

600 g
KARTOFFELN

500 g
KAROTTEN

2
FENCHEL

300 ml
ROTWEIN ODER ROTER TRAUBENSAFT

4
HÜHNERKEULEN

6
DÖRRPFLAUMEN

AUS DEM VORRAT: 4 EL OLIVENÖL • 3 EL HONIG • 1 TL KREUZKÜMMEL • 1 TL PAPRIKAPULVER, SÜSS • 1 TL MAJORAN • SALZ • ½ TL PFEFFER

4 PORTIONEN

30 MIN. + 50 MIN. BRATEN

Backofen auf 180 Grad vorheizen. • Kartoffeln schälen, Karotten und Fenchel putzen und alles in mundgerechte Stücke schneiden. • Olivenöl in einem Bräter erhitzen, das Gemüse darin 5 Min. anbraten und mit Rotwein oder Traubensaft ablöschen. • Die Hühnerkeulen abspülen, trocken tupfen, mit Honig und den Gewürzen einreiben. • Gemüse salzen und mit den Dörrpflaumen vermischen. Die Hühnerkeulen darauf verteilen, den Bräter mit dem Deckel zudecken und alles 50 Min. im Ofen braten. • Das Gemüse mit dem Huhn servieren. • Ideal, wenn du Besuch erwartest: Im Bräter vorbereiten und in den Ofen schieben, wenn dein Besuch da ist.

Tipp: Verwende alles an Gemüseresten, die verbraucht werden müssen.

LACHS MIT SHIITAKE-BROKKOLI-PFANNE

1 kleiner
BROKKOLI

1 mittelgroße
ZWIEBEL

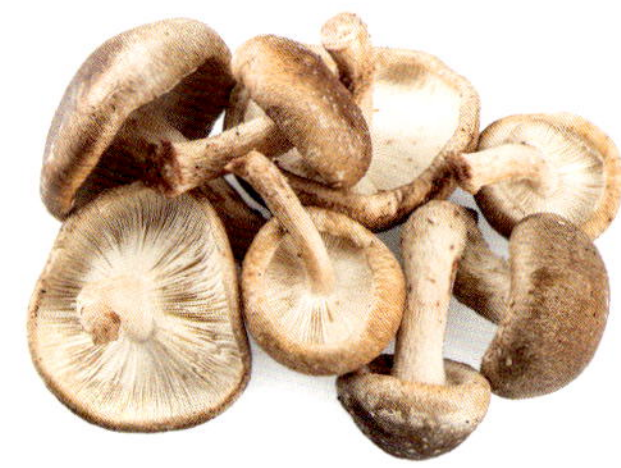

150 g
SHIITAKEPILZE

1 Bund
KORIANDER

4
LACHSFILETS À CA. 100 G

AUS DEM VORRAT: 3 EL OLIVENÖL • ETWAS ZITRONENSAFT • 1 SCHUSS SOJASAUCE • ½ TL GEMÖRSTER FENCHELSAMEN • ½ TL THYMIAN • SALZ • PFEFFER

4 PORTIONEN

30 MIN.

Brokkoli waschen und in kleine Röschen schneiden. Den Strunk schälen und fein hacken. • 5 Min. in Salzwasser köcheln lassen, abseihen und beiseitestellen. • Zwiebel schälen und fein hacken. Shiitakepilze putzen und grob schneiden. • Pilze und Zwiebel in einer Pfanne in 1 EL Olivenöl anbraten. • Koriander fein hacken, mit dem gekochten Brokkoli in die Pfanne geben und mit Zitronensaft und Sojasauce abschmecken. • Lachsfilets mit Fenchelsamen, Thymian, Salz und Pfeffer würzen und in 2 EL Olivenöl braten. • Lachsfilets gemeinsam mit dem Shiitake-Brokkoli-Gemüse servieren.

Tipp: Lachs und Sojasauce sollen krebshemmende Eigenschaften besitzen.

SARDINEN MIT KARTOFFEL-OLIVEN-PÜREE

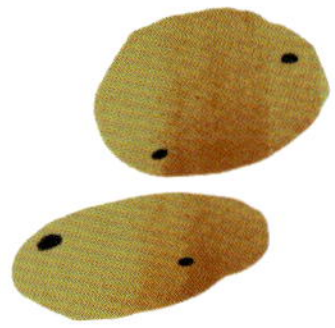

700 g
KARTOFFELN

15
ENTKERNTE OLIVEN

1 mittelgroße
ZWIEBEL

2 mittelgroße
TOMATEN

2 Dosen (à 160 g)
SARDINEN

AUS DEM VORRAT: 30 G BUTTER • 1 MSP. MUSKATNUSS • SALZ

2 PORTIONEN

30 MIN.

Kartoffeln schälen, würfeln und in Salzwasser kochen. • In der Zwischenzeit die Oliven klein schneiden, die Zwiebel schälen und fein hacken. Die Tomaten waschen und grob würfeln. • Kartoffeln abgießen, 20 g Butter hinzufügen. Kartoffeln zerstampfen und Oliven unterrühren. Mit Muskatnuss und Salz abschmecken. • In einer Pfanne den Rest Butter zerlassen und die Zwiebel- und Tomatenwürfel darin andünsten. • Sardinen abtropfen lassen und in der Pfanne anbraten. • Sardinen auf dem Kartoffel-Oliven-Püree servieren und genießen.

Tipp: Sardinen und Muskat stärken die Libido.

FISCHFILET AUF KAROTTENPÜREE

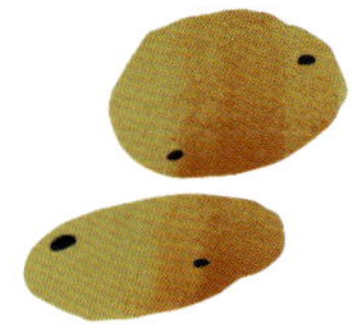

2 große
KARTOFFELN

3 mittelgroße
KAROTTEN

1 mittelgroße
ZWIEBEL

150 ml
VEGANE SAHNE

400 g
FISCHFILETS (LACHS ODER FORELLE)

etwas
MEHL

AUS DEM VORRAT: SALZ • 1 EL BUTTER • PFEFFER • 1 MSP. MUSKATNUSS • 3 EL OLIVENÖL • ½ ZITRONE

2 PORTIONEN

30 MIN.

Kartoffeln schälen, Karotten waschen, Zwiebel schälen und fein hacken. • Für das Püree Kartoffeln und Karotten grob schneiden und mit der Zwiebel in einem Topf mit Wasser und Salz kochen, bis die Kartoffeln weich sind. Wasser abgießen und das Gemüse zerstampfen. Mit Butter, veganer Sahne, Pfeffer, Muskat und Salz abschmecken. • Die Fischfilets waschen, trocken tupfen, salzen, in Mehl wälzen und in Olivenöl braten. • Mit Zitronenscheiben garnieren und mit dem Püree servieren.

Tipp: Fisch nährt vor allem dein Yin.

SAFTIGES THUNFISCH-OMELETT

1 mittelgroße
ZWIEBEL

1 mittelgroße
TOMATE

1 kleines Bund
PETERSILIE

1 Dose (160 g)
THUNFISCH (NATUR)

2
EIER

1 EL
GERIEBENER PARMESAN

AUS DEM VORRAT: 1 KNOBLAUCHZEHE • ½ TL SALZ • 1 PRISE PFEFFER • 1 TL PAPRIKAPULVER • 1 TL BUTTER

2 PORTIONEN

25 MIN.

Zwiebel grob hacken, Tomate würfeln, Petersilie hacken. Thunfisch abtropfen lassen. Knoblauch pressen. • Eier in einer Schüssel verquirlen. Thunfisch, Tomate, Petersilie, Parmesan, Zwiebel und Knoblauch mit den Eiern verrühren. Mit Salz, Pfeffer und Paprikapulver abschmecken. • Butter in einer Pfanne erhitzen und die Masse 10 Min. bei mittlerer Hitze und geschlossenem Deckel braten, danach wenden und weitere 5 Min. braten. • Schmeckt auch zum Frühstück oder Abendessen lecker.

Tipp: Dazu passt ein Tomatensalat mit frischem Basilikum.

Mittlerweile gibt es auch richtig leckere vegane Alternativen zu Thunfisch, die du für dieses Omelett nutzen kannst.

MINI-SÜSSKARTOFFEL-PIZZA

2 SÜSSKARTOFFELN

4 mittelgroße TOMATEN

100 g MAIS AUS DER DOSE

100 g GERIEBENER KÄSE

einige Blätter RUCOLA

AUS DEM VORRAT: 4 EL OLIVENÖL • OREGANO • SALZ

2 PORTIONEN

20 MIN.
+ 30 MIN.
BACKEN

Backofen auf 180 Grad vorheizen. Backblech ganz dünn mit 2 EL Olivenöl einstreichen. • Süßkartoffeln schälen und in ca. 1 cm dicke Scheiben schneiden. Süßkartoffelscheiben mit 2 EL Olivenöl bestreichen. Mit Oregano bestreuen. • Tomaten in Scheiben schneiden und die Süßkartoffeln damit belegen. • Die Minipizzen salzen, mit Mais und Käse bestreuen und 30 Min. im Ofen backen. • Mit Rucolablättern belegen und servieren.

Tipp: Lässt sich super ganz nach Gusto belegen und als Snack mitnehmen.

ROSENKOHL-KOKOS-PFANNE

300 g
ROSENKOHL

1 kleine
ZWIEBEL

200 ml
KOKOSMILCH AUS DER DOSE

AUS DEM VORRAT: 1 KNOBLAUCHZEHE • 2 EL BUTTER • SALZ

2 PORTIONEN

30 MIN.

Den Rosenkohl putzen, waschen und halbieren. Zwiebel und Knoblauch schälen und fein würfeln. • Butter in einer großen Pfanne erhitzen und Rosenkohl, Zwiebel- und Knoblauchwürfel darin bei mittlerer Hitze in ca. 5 Min. goldbraun anbraten. Dabei ab und zu die Pfanne schwenken. • Den Rosenkohl mit der Kokosmilch ablöschen und bei geschlossenem Deckel ca. 2 Min. einköcheln. • Mit Salz abschmecken und servieren.

Tipp: Dazu passen Reis, Kartoffeln oder ein Steak.

OFENGEMÜSE MIT FETA

1 großer
FENCHEL

4 mittelgroße
KAROTTEN

1 große
SÜSSKARTOFFEL

2 Stangen
STAUDENSELLERIE

100 g
FETA

2 EL
SONNENBLUMENKERNE

AUS DEM VORRAT: 3 EL OLIVENÖL • ½ TL SALZ • 1 TL ROSMARIN • 1 TL THYMIAN • 1 TL GEMAHLENER KREUZKÜMMEL • 1 TL GEMAHLENE KORIANDERSAMEN

2 PORTIONEN

15 MIN. + 40 MIN. BACKEN

Backofen auf 180 Grad vorheizen. • Fenchel waschen, Karotten putzen und Süßkartoffel schälen. Das gesamte Gemüse in grobe Stücke schneiden und in einer Schüssel mit Olivenöl, Salz und allen Kräutern und Gewürzen mischen. • Auf einem Backblech verteilen und 30 Min. im Ofen backen. • Gemüse aus dem Backofen nehmen, mit Feta bestreuen und weitere 10 Min. backen. • Vor dem Servieren mit Sonnenblumenkernen bestreuen.

Tipp: Statt der getrockneten Kräuter können auch frische verwendet werden.

CHINAKOHL IN SESAMSAUCE

500 g
CHINAKOHL

30 g
INGWER

1 mittelgroße
ZWIEBEL

4 EL
SESAMMUS

1 EL
SCHWARZER SESAM

AUS DEM VORRAT: 2 EL OLIVENÖL • 3 EL SOJASAUCE • SALZ

3 PORTIONEN

CA. 25 MIN.

Den Chinakohl putzen und in Streifen schneiden. Ingwer fein reiben. Zwiebel fein hacken. • Olivenöl in einer Pfanne erhitzen, den Ingwer und die Zwiebel darin sanft dünsten. Chinakohl dazugeben und leicht anbraten. • Währenddessen in einem Schraubglas 100 ml Wasser mit der Sojasauce und dem Sesammus zu einer Sauce verschütteln und dann über den Chinakohl gießen. Den Kohl bei geschlossenem Deckel ca. 5 Min. dünsten. • Den Chinakohl mit Salz abschmecken und mit schwarzem Sesam bestreut servieren.

Tipp: Dazu passt Reis ganz wunderbar.

LAUCH MIT KAPERN-VINAIGRETTE

2 Stangen
LAUCH

1 TL
PFEFFERKÖRNER

1 TL
SENFKÖRNER

1 mittelgroße
ZWIEBEL

1 Bund
DILL

1 TL
KAPERNBEEREN

AUS DEM VORRAT: 1 TL SALZ • 3 EL BALSAMICOESSIG • 2 EL OLIVENÖL

2 PORTIONEN

15 MIN. +
15 MIN. KOCHEN

Lauchstangen jeweils in 3 Teile schneiden und in einem Topf mit leicht gesalzenem Wasser, Pfeffer- und Senfkörnern 15 Min. kochen. • Zwiebel und Dill hacken. • Aus Balsamicoessig, Olivenöl, gehackter Zwiebel, Kapernbeeren und gehacktem Dill eine Vinaigrette mischen. • Gekochte Lauchstücke längs halbieren und auf einem Teller anrichten. Mit Vinaigrette beträufeln und mit Salz und Pfeffer abschmecken.

Tipp: Eine tolle Sauce zu Getreide, Fleisch oder Fisch.

BLUMENKOHL-NUGGETS

1 mittelgroßer
BLUMENKOHL MIT BLÄTTERN

60 g
DINKELMEHL

100 g
SPEISESTÄRKE

200 g
DINKELFLAKES

2 EL
ERDNUSSMUS

AUS DEM VORRAT: 200 ML HAFERMILCH • 1 TL SALZ • 1 TL PAPRIKAPULVER • ½ TL KREUZKÜMMEL • 1 KNOBLAUCHZEHE • 1 EL OLIVENÖL

2 PORTIONEN

30 MIN.
+ 40 MIN.
BACKEN

Backofen auf 180 Grad vorheizen. • Die Blätter vom Blumenkohl abtrennen, waschen und trocknen. Den Blumenkohl in Röschen teilen. • Die Blumenkohlröschen der Reihe nach in je einem Teller mit Mehl, einem mit Speisestärke, vermischt mit Hafermilch, Salz, Paprikapulver, Kreuzkümmel und gepresstem Knoblauch sowie einem mit zerkleinerten Dinkelflakes wälzen. • Blumenkohlröschen auf ein gefettetes Backblech legen und 40 Min. im Ofen backen. • Die Kohlblätter mit Olivenöl, Salz und Erdnussmus marinieren und für 10 Min. mit in den Ofen schieben. • Blumenkohl-Nuggets und Kohlblätter mit dem Lauch-Dip (Seite 78) servieren.

DIE NUGGETS lassen sich ganz einfach als Snack für unterwegs mitnehmen.

SUMMER ROLLS MIT MINZ-DIP

100 g
GRÜNKERN

1
AVOCADO

5
GRÜNE SPARGELSTANGEN

10
REISBLÄTTER

2 Handvoll
KRESSE

1 kleines Bund
FRISCHE MINZE

AUS DEM VORRAT: SAFT VON 1 ZITRONE • 1 PRISE SALZ • 4 EL OLIVENÖL

10 PORTIONEN

30 MIN. +
30 MIN. GAREN

Grünkern 30 Min. in gesalzenem Wasser garen. • Avocadofleisch auf einem Teller mit Zitronensaft und Salz mit einer Gabel zerdrücken und vermischen. • Spargel waschen, untere Enden abbrechen und die Stangen in 1 EL Olivenöl ein paar Min. anbraten. • Reisblätter nacheinander kurz in eine Schüssel mit warmem Wasser tauchen und auf einer glatten Oberfläche belegen: Avocadocreme verstreichen, Grünkern, ½ Spargelstange und Kresse auf einer Hälfte verteilen. • Das Reisblatt von drei Seiten über die Füllung klappen und dann einrollen. Nicht zu viel befüllen. • Für den Dip 3 EL Olivenöl mit frischen Minzblättern mixen. • Die Summer Rolls mit dem Minz-Dip servieren.

Kleine Gerichte & Beilagen
Köstliches
FINGER FOOD
für die sommerliche
Gartenparty

KNOLLENSELLERIE IM GANZEN GEBACKEN

1 (ca. 750 g)
SELLERIEKNOLLE

grobes
MEERSALZ

AUS DEM VORRAT: 3 EL OLIVENÖL

4 PORTIONEN

10 MIN. + 2 ½ STD. BACKEN

Backofen auf 180 Grad vorheizen. • Den Sellerie mit einer Gemüsebürste unter fließendem Wasser gut abschrubben, abtrocknen und in einer großen Schüssel großzügig mit Olivenöl und Salz einreiben. • Auf einem mit Backpapier belegtem Blech etwa 2 ½ Stunden im Backofen garen. • Passt perfekt zu Kartoffelpüree, Fisch oder Fleisch.

Tipp: Sellerie kann bei Kopfschmerzen und innerer Unruhe unterstützen.

FALAFEL AUS DEM OFEN

250 g
GETROCKNETE KICHERERBSEN

1 mittelgroße
ZWIEBEL

½ Bund
KORIANDER

½ Bund
PETERSILIE

1 TL
NATRON

AUS DEM VORRAT: 4 KNOBLAUCHZEHEN • 1 TL SALZ • 2 TL KREUZKÜMMEL • 2 TL KORIANDERSAMEN • ETWAS PFEFFER • 1 EL ZITRONENSAFT

CA. 16 STÜCK

20 MIN. + 12 STD. EINWEICHEN + 30 MIN. BACKEN

Am Vortag Kichererbsen mit Natron 12 Stunden in reichlich Wasser einweichen. • Kichererbsen abspülen. Zwiebel und Knoblauch schälen, Koriander- und Petersilienblätter abzupfen. • Alle Zutaten mit dem Stabmixer oder Food Processor mixen. Gegebenenfalls 1 EL Mehl hinzugeben. • Aus dem Teig mittelgroße Kugeln formen und 30 Min. im Backofen bei 180 Grad knusprig backen. Nach der Hälfte der Backzeit wenden, damit sie knuspriger werden.

Tipp: Dazu passt ein Joghurtdip aus 200 g Joghurt, 1 EL Zitronensaft, frischen gehackten Kräutern sowie Salz und Pfeffer.

CREMIGES KARTOFFELGRATIN

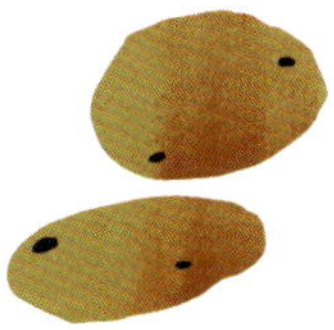

5 mittelgroße
KARTOFFELN

1 mittelgroße
ZWIEBEL

2 EL
TAHINI (SESAMPASTE)

AUS DEM VORRAT: 75 ML HAFERMILCH • 3 EL OLIVENÖL • ½ TL ROSMARIN • 1 TL PAPRIKAPULVER • SALZ • PFEFFER

2 PORTIONEN

15 MIN. + 25 MIN. BACKEN

Backofen auf 160 Grad vorheizen. • Kartoffeln schälen und in dünne Scheiben schneiden. Zwiebel schälen und in feine Ringe schneiden. • Kartoffeln und Zwiebelringe in eine Auflaufform geben und mit den restlichen Zutaten vermischen. • Den Auflauf im Ofen 25 Min. backen. Die Kartoffeln sollen weich sein und oben etwas angebräunt. Gegebenenfalls umrühren und weitere 10 Min. backen. • Am besten passt ein grüner Salat dazu.

Tipp: Mit Majoran oder Thymian bestreuen – für eine bessere Verdaulichkeit.

HERZHAFTE MUFFINS ZUM MITNEHMEN

250 g
DINKELMEHL

2 ½ TL
WEINSTEINBACKPULVER

2
EIER

100 g
FETA

6
GETROCKNETE TOMATEN IN ÖL

12
OLIVEN

AUS DEM VORRAT: 200 ML HAFERMILCH • 3 EL OLIVENÖL • 1 TL ROSMARIN • SALZ • PFEFFER

12 STÜCK

20 MIN. + 25 MIN. BACKEN

Backofen auf 160 Grad vorheizen. • Mehl mit Backpulver vermischen. • In einer anderen Schüssel Eier mit Hafermilch, Öl, Rosmarin, Salz und Pfeffer verquirlen, zum Mehl geben und gut verrühren. Feta hineinbröseln. • Getrocknete Tomaten und Oliven hacken, ebenfalls dazugeben und alles vorsichtig miteinander verrühren. • Ein Muffinblech mit 12 Papierförmchen auskleiden, Teig einfüllen und 25 Min backen.

Tipp: Die Muffins schmecken auch als kalter Snack sehr gut.

ÜBERBACKENER CHICORÉE MIT CHAMPIGNONREIS

150 g
REIS

2 EL
WALNÜSSE

250 g
CHAMPIGNONS

4
CHICORÉE

1 Schuss
(HAFER-)SAHNE

3 EL
SEMMELBRÖSEL

AUS DEM VORRAT: SALZ

2 PORTIONEN

25 MIN.
+ 15 MIN.
BACKEN

Den Reis waschen und in gesalzenem Wasser nach Packungsanleitung garen. • Den Backofen auf 180 Grad vorheizen. Die Walnüsse hacken. • Die Champignons putzen, in Scheiben schneiden und 5 Min. vor Ende der Garzeit zum Reis dazugeben und unterrühren. • Chicorée im Ganzen 5 Min. in heißem Wasser blanchieren und dann in eine Auflaufform legen. Einen guten Schuss (Hafer-)Sahne darübergießen und mit Semmelbröseln bestreuen. • Chicorée 15 Min. im Ofen backen, mit gehackten Walnüssen bestreuen und mit dem Champignonreis servieren.

Tipp: Chicorée unterstützt bei innerer Unruhe.

GEBACKENE BIRNEN MIT MARZIPAN

4 BIRNEN — *80 g* MARZIPAN — *3 EL* WALNÜSSE

AUS DEM VORRAT: 1 TL ZIMT • ETWAS HONIG

8 PORTIONEN

30 MIN. + 20 MIN. BACKEN

Backofen auf 180 Grad vorheizen. • Birnen waschen, halbieren, entkernen und etwas Fruchtfleisch herauslöffeln. Das Fruchtfleisch klein schneiden und mit dem Marzipan vermischen. • Walnüsse hacken. • Die Birnenhälften mit der Schnittseite nach oben in eine Auflaufform legen. Die Fruchtmasse in die Birnen füllen. • Mit gehackten Walnüssen und dem Zimt bestreuen und 20 Min. backen. • Vor dem Servieren mit etwas Honig beträufeln.

Tipp: Birnen lindern trockene Lungen und Reizhusten.

SCHOKOMOUSSE

2
REIFE AVOCADOS

12
DATTELN

4 EL
KAKAOPULVER

4 EL
KOKOSFLOCKEN

1 Schuss
KOKOSMILCH AUS DER DOSE

4 PORTIONEN

20 MIN.

Avocados halbieren, die Kerne herausnehmen und das Avocadofruchtfleisch in eine Schüssel geben. • Datteln entkernen, fein hacken und mit dem Kakaopulver und den Kokosflocken dazugeben. • Mit dem Mixstab pürieren, bis eine sämige Masse entsteht. Bei Bedarf einen Schuss Kokosmilch dazugeben. • Die Mousse in 4 Schüsselchen füllen und genießen.

Tipp: Avocados gelten in der TCM als sehr nährend und stärkend.

ROTE GRÜTZE

500 g
GEMISCHTE BEEREN (FRISCH ODER TK)

500 ml
HOLUNDERSAFT

250 ml
ROTER TRAUBENSAFT

1 kleines Stück
INGWER (1 CM)

4 TL
AGAR-AGAR

AUS DEM VORRAT: 1 EL HONIG

6 PORTIONEN

15 MIN.

Die Beeren in einen Topf geben und mit Holunder- und Traubensaft übergießen. • Ingwer waschen und mit Schale hineinreiben, Honig dazugeben. Alles 3 Min. köcheln lassen, dann beiseitestellen. • Agar-Agar in etwas kaltem Wasser auflösen, ein paar Minuten quellen lassen und in die Grütze einrühren. • Die rote Grütze in kleine Schraubgläser füllen und im Kühlschrank kalt stellen, bis sie fest ist. • Als Dessert genießen oder als Snack im Schraubglas mitnehmen.

Tipp: Ideal bei innerer Unruhe und Schlafstörungen.

BIRNENMUS MIT SAHNE

3 BIRNEN

1 TL ZUCKER

9 EL SAHNE

AUS DEM VORRAT: 1 BIO-ZITRONE • 1 PRISE SALZ • 2 PRISEN ZIMT

3 PORTIONEN

30 MIN.

Birnen waschen, halbieren, entkernen und in Würfel schneiden. Mit einem Spritzer Zitronensaft vermischen, damit sie nicht braun werden. • In einem Topf den Zucker vorsichtig erwärmen und karamellisieren lassen. Die Birnen, 1 TL abgeriebene Zitronenschale und 1 Prise Salz hinzufügen und kurz durchrühren. Die Birnen bei geschlossenem Deckel in 10 Min. im eigenen Saft weich dünsten. • Mit dem Pürierstab mixen, etwas auskühlen lassen. Das Birnenmus in Schälchen anrichten, mit Zimt bestreuen und mit je 3 EL Sahne übergossen servieren.

Tipp: Eine Geheimwaffe gegen trockenen Husten.

GRIESSBREI ZUM BESSEREN EINSCHLAFEN

80 g GROBER DINKELGRIESS

500 ml DINKELMILCH

2 EIER

1 Msp. VANILLEMARK

1 EL MANDELMUS

AUS DEM VORRAT: 1 MSP. KARDAMOM • 1 EL HONIG

2 PORTIONEN

15 MIN.

Alle Zutaten bis auf den Honig und das Mandelmus in einen Topf geben und unter ständigem Rühren kurz aufkochen lassen. Bei kleiner Hitze 5 Min. köcheln lassen und dabei immer wieder umrühren. • Von der Herdplatte nehmen und bei geschlossenem Deckel 5 Min. quellen lassen. • Honig und Mandelmus einrühren und den Grießbrei vor dem Schlafengehen genießen.

Tipp: Grießbrei beruhigt das Herz und fördert den Schlaf.

SAFTIGER ROTE-BETE-BROWNIE

500 g
ROTE BETE

12
DATTELN

1 Handvoll
HASELNÜSSE

1 EL
KAKAOPULVER

100 g
BUCHWEIZENMEHL

1 Handvoll
GEPUFFTE QUINOA

AUS DEM VORRAT: 1 TL ZIMT • ½ TL GEMAHLENER KARDAMOM • 1 PRISE SALZ

6 PORTIONEN

40 MIN. + 20 MIN. BACKEN

Backofen auf 180 Grad vorheizen. • Rote Bete ungeschält in einem Topf mit Wasser 30 Min. kochen. • Datteln entkernen und klein schneiden. Haselnüsse hacken. • Die Rote Bete auskühlen lassen, die Haut abziehen und die Knolle in Stücke schneiden. • Mit den Datteln, dem Kakaopulver und den Gewürzen mit einem Pürierstab zu einer weichen Masse mixen. • Das Buchweizenmehl, die Haselnüsse und die gepuffte Quinoa unterheben, den Teig in eine gefettete Auflaufform füllen und glatt streichen. 20 Min. im Ofen backen.

Tipp: Wunderbarer Snack zum Mitnehmen für unterwegs. Kinder lieben diese Brownies!

SAFTIGER ZUCCHINIKUCHEN

500 g ZUCCHINI — 100 g ZUCKER — 2 EIER

250 g DINKELVOLLKORNMEHL — 90 g GERIEBENE MANDELN — 3 TL BACKPULVER

AUS DEM VORRAT: 125 G BUTTER • ½ TL KARDAMOM

1 BACKBLECH

30 MIN. + 15 MIN. BACKEN

Backofen auf 180 Grad vorheizen. • Zucchini waschen und grob reiben. • Butter mit dem Zucker schaumig rühren. Eier dazugeben und weiter schaumig rühren. • Mehl, Mandeln, Backpulver und das Kardamompulver in einer Schüssel miteinander verrühren. • Zuerst die Zucchini in die schaumig geschlagene Masse unterheben, dann vorsichtig die trockenen Zutaten dazugeben. • Den Teig auf einem mit Backpapier ausgelegten Backblech ca. 2 Finger dick verstreichen und 10–15 Min. backen.

Tipp: Den Kuchen kannst du auch mit Schlagsahne genießen.

FRUCHTIGES BANANENBROT

5 BANANEN — 100 g REISMEHL — 80 g HASELNÜSSE

150 g MANDELN — 35 g WALNÜSSE — 3 EL LEINSAMEN

AUS DEM VORRAT: 4 EL HONIG • ½ TL ZIMT • 1 PRISE SALZ • 1 MSP. KARDAMOM

6 PORTIONEN

15 MIN. + 60 MIN. BACKEN

Backofen auf 145 Grad vorheizen. • 4 Bananen mit einer Gabel zerdrücken, eine Banane beiseitelegen. Nüsse und Mandeln in einem Mixer zerkleinern. Zerdrückte Bananen mit allen Zutaten zu einem Teig verrühren. • Eine längliche Kastenform mit Backpapier auslegen und mit dem Teig füllen. • Die letzte Banane schälen, der Länge nach aufschneiden und mit der Schnittfläche nach unten auf das Bananenbrot legen. • Die Form für ca. 1 Stunde in den Ofen geben.

Tipp: Warm sind Bananen viel weniger verschleimend als in rohem Zustand.

KERNIGES APFELBROT

500 g ÄPFEL — *100 g* ZUCKER — *150 g* GEMAHLENE MANDELN

50 g GEMISCHTE SAATEN (LEINSAMEN, KÜRBIS- UND SONNENBLUMENKERNE) — *200 g* DINKELMEHL — *1 Pkg.* WEINSTEINBACKPULVER

AUS DEM VORRAT: 1 TL ZIMT • 1 PRISE KARDAMOM • 1 PRISE SALZ • 1 TL KAKAOPULVER • BUTTER ZUM AUSFETTEN

6 PORTIONEN

20 MIN. + 8 STD. RUHEN + 75 MIN. BACKEN

Äpfel waschen, entkernen, sehr fein raspeln, mit dem Zucker bestreuen und über Nacht abgedeckt ziehen lassen. • Am nächsten Tag die Äpfel mit dem entstandenen Apfelwasser, den gemahlenen Mandeln, den Saaten, dem Mehl, Zimt, Kardamom, Salz, Weinsteinbackpulver und Kakao zu einem Teig kneten. • In eine 25 cm lange gebutterte Kastenform füllen und 75 Min. im vorgeheizten Backofen bei 175 Grad backen.

Tipp: Zum Frühstück oder als Snack genießen.

DINKELPFANNKUCHEN

300 g DINKELMEHL — *4* EIER — *450 ml* DINKELMILCH

AUS DEM VORRAT: 1 PRISE SALZ • BUTTER ZUM AUSBACKEN

8 STÜCK

30 MIN.

Das Mehl mit den Eiern und der Milch sowie einer Prise Salz in einer Schüssel mit dem Schneebesen zu einem glatten Teig verrühren. 5 Min. stehen lassen, dann nochmals verrühren. • Etwas Butter bei mittlerer Hitze in einer Pfanne zerlassen. Einen Schöpflöffel Teig in die Mitte der Pfanne geben und die Pfanne schwenken, bis der Boden dünn bedeckt ist. Den Pfannkuchen auf beiden Seiten schön goldbraun braten. Mit der übrigen Teigmasse ebenso verfahren.

Tipp: Ideal mit süßer oder pikanter Füllung oder in Streifen geschnitten als Suppeneinlage.

BANANEN-GRIESSPUDDING

1
BANANE

200 ml
DINKELMILCH

1 EL
KAKAOPULVER

2 EL
CASHEWNÜSSE

40 g
WEIZEN- ODER DINKELGRIESS

AUS DEM VORRAT: 1 EL HONIG

2 PORTIONEN

20 MIN.

Drei Viertel der Banane mit einem Schuss Dinkelmilch und Kakaopulver zu einer cremigen Konsistenz pürieren. • Die Cashewnüsse grob hacken. • Die restliche Dinkelmilch, 200 ml Wasser und Honig in einem Topf zum Kochen bringen, den Grieß unter ständigem Rühren hineinrieseln lassen und die Hitze reduzieren. • Die pürierte Banane einrühren, den Pudding bei geschlossenem Deckel und kleinster Hitze einige Minuten quellen lassen. • In 2 Schüsseln füllen, mit gehackten Cashewnüssen und der restlichen in Scheiben geschnittenen Banane anrichten und genießen.

Leichte Kost am Abend: Weizen- und Dinkelgrieß fördern DEN SCHLAF.

ENERGY-RIEGEL AUS REIS

200 g
SÜSSREIS (MOCHIREIS)

400 g
KOKOSDRINK

50 g
GEHACKTE MANDELN

AUS DEM VORRAT: 1 EL HONIG • 50 G ROSINEN • 1 PRISE SALZ

1 BACKBLECH

30 MIN. + CA. 3 STD. RUHEN + 30 MIN. BACKEN

Reis unter fließendem Wasser waschen und im Kokosdrink weich köcheln. • Mandeln hacken. • Honig, Mandeln, Rosinen und Salz einrühren und warten, bis die Masse richtig dick wird. • Den Teig 1–2 cm dick auf ein Blech streichen und ein paar Stunden ruhen lassen. • Wenn die Masse fest ist, Stücke in Riegelform ausschneiden und wieder auf einem Backblech verteilen. • Die Energy-Riegel ca. 30 Min. bei 180 Grad im Backofen backen, bis sie knusprig braun sind.

Tipp: Süßreis (Mochireis) hat eine besonders wärmende Wirkung.

SESAM-KROKANT

50 g
WEISSER SESAM

50 g
SCHWARZER SESAM

1 ½ EL
LEINSAMEN

1 EL
CHIASAMEN

½ TL
VANILLEMARK

AUS DEM VORRAT: 100 G HONIG

1 BACKBLECH

20 MIN. + ZEIT ZUM AUSHÄRTEN

Sesam, Leinsamen und Chiasamen mit der Vanille in einer beschichteten Pfanne vorsichtig anrösten, bis es nussig zu duften beginnt. • In einem Topf den Honig erhitzen und ca. 3 Min. sanft köcheln lassen. • Die Samenmischung mit dem Honig verrühren, auf einem Backpapier verstreichen und ein paar Minuten auskühlen lassen. • Mit einem zweiten Backpapier abdecken und mit einem Nudelholz so dünn walzen, wie der Krokant gewünscht wird. • Noch warm in Stücke schneiden, vollständig aushärten lassen, kühl und trocken lagern.

Tipp: Besonders lecker: Morgens übers Porridge bröseln.

ENERGY BALLS

100 g GETROCKNETE FEIGEN

100 g GETROCKNETE MARILLEN (APRIKOSEN)

100 g DATTELN OHNE KERN

100 g GEMAHLENE MANDELN

100 g DINKELFLAKES

5 EL KOKOSRASPEL

AUS DEM VORRAT: ½ TL ZIMT • ½ TL NELKENPULVER • SAFT VON 1 BIO-ORANGE

CA. 20 STÜCK

30 MIN.

Feigen, Marillen und Datteln ganz fein schneiden. Dinkelflakes zerdrücken. • Alle Zutaten bis auf die Kokosraspel in eine Schüssel geben. • Die Mischung mit den Händen zu einem Teig verkneten. Wenn der Teig zu trocken ist, etwas Wasser dazugeben. • Aus dem Teig kleine Kugeln formen, diese in Kokosraspeln wälzen und als Dessert oder kleinen Snack zwischendurch genießen.

Tipp: Die Energy Balls halten sich im Kühlschrank ca. 1 Woche.

BRATAPFEL-POWER-BALLS

120 g GETROCKNETE APFELRINGE

80 g WALNÜSSE

80 g MANDELN

80 g HASELNÜSSE

4 EL MANDELMUS

AUS DEM VORRAT: 120 G ROSINEN • 1 TL ZIMT • ½ TL VANILLEMARK

20 STÜCK

30 MIN.

Alle Zutaten mit 4 EL Wasser im Food Processor oder einem Mixer zerkleinern, bis eine homogene Masse entsteht. • Nun ca. 20 kleine Kugeln formen und diese im Kühlschrank kalt stellen. • Die Bratapfel-Power-Balls halten sich im Kühlschrank einige Tage und sind immer eine gute Alternative zu Schokolade, wenn der Appetit auf Süßes kommt.

Tipp: In Kakaopulver oder Koskosraspeln wälzen.

RHABARBER-ERDBEER-KOMPOTT

500 g
RHABARBER

500 g
ERDBEEREN

1
VANILLESCHOTE

3
DATTELN

60 ml
APFELSAFT

AUS DEM VORRAT: 1 EL ZITRONENSAFT • 2 EL HONIG

4 PORTIONEN

40 MIN.

Rhabarber schälen, putzen und in Stücke schneiden. Erdbeeren putzen und grob schneiden. Vanilleschote mit einem scharfen Messer aufschneiden und das Vanillemark herausschaben. • Datteln entkernen, klein hacken und mit dem Rhabarber, den Erdbeeren, dem Vanillemark, der Vanilleschote und dem Zitronensaft in einem Topf mit Apfelsaft zum Kochen bringen. • Das Kompott 20 Min. einköcheln lassen. Die Vanilleschote entfernen, das Kompott mit Honig süßen und heiß in Schraubgläser füllen. • Schnell verschrauben, auskühlen lassen, dann bildet sich ein Vakuum und das Kompott ist im Kühlschrank ein paar Wochen haltbar.

RHABARBER

kühlt, entspannt die Leber und mildert innere Unruhe.

ERDNUSS-SCHOKO-ENERGY-BALLS

5
DATTELN OHNE KERN

180 g
ERDNUSSMUS

30 g
GEMAHLENE HASELNÜSSE

13 g
GEPOPPTER AMARANTH

1 EL
KAKAOPULVER

AUS DEM VORRAT: 25 G HONIG • 1 MSP. KARDAMOM

CA. 20 STÜCK

15 MIN.

Datteln fein hacken und mit allen Zutaten in einer Schüssel zu einer Masse vermengen. Wenn die Masse zu trocken ist, etwas Wasser dazugeben. • Ca. 20 Kugeln formen und im Kühlschrank kühl stellen. Am besten in einer Box im Kühlschrank aufbewahren.

Tipp: Energy Balls wecken müde Geister, schenken Kraft und Energie.

SÜSSE KAROTTEN-ENERGY-BALLS

165 g
KAROTTEN

50 g
WALNÜSSE

50 g
MANDELN

8
DATTELN OHNE KERN

4 EL
WEISSER SESAM

AUS DEM VORRAT: 1 TL ZIMT • 1 MSP. KURKUMA • 1 MSP. KARDAMOM

CA. 20 STÜCK

30 MIN.

Karotten waschen, schälen und fein raspeln. • Zuerst die Nüsse und Mandeln im Food Processor oder Mixer fein zerkleinern, dann alle restlichen Zutaten bis auf den Sesam dazugeben und zu einer homogenen Masse mixen. • Bällchen formen, in Sesam rollen und kalt stellen. • Die Karotten-Energy-Balls halten sich in einer Box im Kühlschrank einige Tage lang und sind ein köstlicher Snack auch zum Mitnehmen.

Tipp: Nutze bewusst die natürliche Süße von Gemüse, z.B. von Karotten, Pastinaken oder Kürbis.

FEINES MARZIPAN

200 g MANDELN — *½ TL getrocknete* ROSENBLÜTEN

AUS DEM VORRAT: 50 G HONIG • 1 PRISE SALZ

260 G MARZIPAN

40 MIN.

Die Mandeln in einer Schüssel mit heißem Wasser überbrühen und zugedeckt 10 Min. ziehen lassen, bis die Haut weich ist und sich leicht lösen lässt. • Die enthäuteten Mandeln und den Honig leicht erwärmen und mit einer Prise Salz in einem Food Processor oder mit einem Mörser zu einer Marzipanmasse vermahlen. Die Masse kann noch ein bisschen stückelig oder ganz fein sein. • Eine Rolle formen und das Marzipan in zermörserten Rosenblüten wenden.

Tipp: Marzipan ist wohltuend bei trockenem Husten – dank der Wirkstoffe in Mandeln und Honig.

BIRNENKOMPOTT

2 BIRNEN — *1 Msp.* VANILLEMARK

AUS DEM VORRAT: 1 EL KOKOSÖL

2 PORTIONEN

15 MIN.

Die Birnen waschen, entkernen und in kleine Stücke schneiden. • In einer Pfanne das Kokosöl erhitzen. Die Birnen dazugeben und kurz anbraten. Mit etwas Wasser aufgießen. Ca. 10 Min köcheln lassen, bis die Birnen weich sind. • Anschließend das Kompott mit Vanillemark verfeinern

Tipp: Das Birnenkompott passt ideal zu jedem warmen Frühstücksbrei.

Rezept- und Zutatenverzeichnis

Liebe Leserin, lieber Leser,

hat Ihnen dieses Buch weitergeholfen? Für Anregungen, Kritik, aber auch für Lob sind wir offen.
So können wir in Zukunft noch besser auf Ihre Wünsche eingehen.
Schreiben Sie uns, denn Ihre Meinung zählt!

Ihr TRIAS Verlag

kundenservice.thieme.de | Lektorat TRIAS Verlag, Postfach 30 05 04, 70445 Stuttgart

/trias.tut.mir.gut /trias_verlag /triasverlag www.trias-verlag.de/newsletter

Stichwortverzeichnis

Quellen der Stockfotos von stock.adobe.com

S. 28: Äpfel: © Natalja Stotika/stock.adobe.com; Hirse: © xamtiw/stock.adobe.com; Rosinen: © Touchr/stock.adobe.com; Vanilleschote: © Scisetti Alfio/stock.adobe.com; Mandelblättchen: © ozmen/stock.adobe.com; Datteln: © igradesign/stock.adobe.com; Haselnüsse: © Peter Hermes Furian/stock.adobe.com; Gojibeeren: © JPC-PROD/stock.adobe.com; Apfel: © Markus Mainka/stock.adobe.com; Leinsamen: © kolesnikovserg/stock.adobe.com
S. 29: Datteln: © igradesign/stock.adobe.com; Pfefferminzblätter: © Björn Wylezich/stock.adobe.com; Gojibeeren: © JPC-PROD/stock.adobe.com; Dinkelflakes: © Coprid/stock.adobe.com; Quinoa: © Luis Echeverri Urrea/stock.adobe.com; Honigmelone: © Ekaterina/stock.adobe.com; Zuckermelone: © akepong/stock.adobe.com; Mandelmus: © jarafoti/stock.adobe.com; Kiwi: © Natika/stock.adobe.com
S. 30: Amarant: © Picture Partners/stock.adobe.com; Apfel: © Markus Mainka/stock.adobe.com; Birne: © volff/stock.adobe.com; Walnüsse: © Tatyana Sidyukova/stock.adobe.com; Maulbeeren: © baibaz/stock.adobe.com; Amarant, gepufft: © rainbow33/stock.adobe.com
S. 32: Datteln: © igradesign/stock.adobe.com; Apfel: © Markus Mainka/stock.adobe.com; Lebkuchengewürz: © Diana Taliun/stock.adobe.com; Mandelmus: © jarafoti/stock.adobe.com; Mandelsplitter: © Moving Moment/stock.adobe.com; Datteln: © igradesign/stock.adobe.com; Reis: © mayakova/stock.adobe.com
S. 33: Polenta: © oxie99/stock.adobe.com; Orangenschalen: © Andrea/stock.adobe.com; Beeren: © nikitos77/stock.adobe.com; Eier: © Rynio Productions/stock.adobe.com; Nüsse: © Moving Moment/stock.adobe.com; Leinsamen: © kolesnikovserg/stock.adobe.com; Banane: © Andrzej Tokarski/stock.adobe.com; Beeren: © nikitos77/stock.adobe.com
S. 34: Polenta: © oxie99/stock.adobe.com; Kokosraspel: © New Africa/stock.adobe.com; Mandeln: © spaxiax/stock.adobe.com; Beeren: © nikitos77/stock.adobe.com; Sonnenblumenkerne: © Coprid/stock.adobe.com
S. 36: Hirse: © xamtiw/stock.adobe.com; Zimtstange: © domnitsky/stock.adobe.com; Vanilleschote: © Scisetti Alfio/stock.adobe.com; Eier: © Pakhnyushchyy/stock.adobe.com; Äpfel: © Natalja Stotika/stock.adobe.com; Mandelblättchen: © ozmen/stock.adobe.com
S. 38: Dinkelmehl: © curto/stock.adobe.com; Backpulver: © kolesnikovserg/stock.adobe.com; Ei: © Pineapple studio/stock.adobe.com; Joghurt: © Coprid/stock.adobe.com; Heidelbeeren: © GCapture/stock.adobe.com; Ahornsirup: © Jiri Hera/stock.adobe.com; Reis: © mayakova/stock.adobe.com; Trockenhefe: © dule964/stock.adobe.com; Zucker: © mayakova/stock.adobe.com
S. 39: Karotten: © Valentina R./stock.adobe.com; Pastinaken: © sarahdoow/stock.adobe.com; Hirseflocken: © wojot/stock.adobe.com; Eier: © Rynio Productions/stock.adobe.com; Parmesan: © maxsol7/stock.adobe.com; Kresse: © Petra Schueller/stock.adobe.com; Kürbiskerne: © sangsiripech/stock.adobe.com; Eier: © ImagesMy/stock.adobe.com; Leinsamen: © dule964/stock.adobe.com; Blattspinat: © New Africa/stock.adobe.com; Tomaten: © fotos4u/stock.adobe.com
S. 40: Brokkoli: © Tetiana/stock.adobe.com; Blattspinat: © New Africa/stock.adobe.com; Spargel: © supamas/stock.adobe.com; Frühlingszwiebeln: © akepong/stock.adobe.com; Eier: © ImagesMy/stock.adobe.com
S. 42: Räuchertofu: © Peter Hermes Furian/stock.adobe.com; Koriander: © Scisetti Alfio/stock.adobe.com; Süßkartoffeln: © nd700/stock.adobe.com; Mandelmus: © jarafoti/stock.adobe.com; Naturtofu: © Moving Moment/stock.adobe.com; Reisenbohnen: © baibaz/stock.adobe.com; Staudensellerie: © kovaleva_ka/stock.adobe.com; Tomaten: © OFC Pictures/stock.adobe.com; Tomaten aus Dose: © Moving Moment/stock.adobe.com
S. 43: Reis: © mayakova/stock.adobe.com; Frühlingszwiebel: © andersphoto/stock.adobe.com; Karotte: © Valentina R./stock.adobe.com; Ingwer: © Natika/stock.adobe.com; Eier: © Rynio Productions/stock.adobe.com
S. 44: Karotte: © Valentina R./stock.adobe.com; Gurke: © by-studio/stock.adobe.com; Paprika: © Petra Schueller/stock.adobe.com; Hirse: © xamtiw/stock.adobe.com; Feta: © bigacis/stock.adobe.com
S. 46: Karotte: © Valentina R./stock.adobe.com; Pastinake: © sarahdoow/stock.adobe.com; Brokkoli: © Paulista/stock.adobe.com; Stangensellerie: © kovaleva_ka/stock.adobe.com; Frühlingszwiebel: © andersphoto/stock.adobe.com; Reis: © mayakova/stock.adobe.com
S. 48: Brokkoli: © Paulista/stock.adobe.com; Mandelblättchen: © ozmen/stock.adobe.com; Karotten: © angorius/stock.adobe.com; Ingwer: © Natika/stock.adobe.com; Linsen: © kolesnikovserg/stock.adobe.com; Mandelstifte: © Moving Moment/stock.adobe.com
S. 49: Rote Bete: © ilietus/stock.adobe.com; Meerrettich: © kolesnikovserg/stock.adobe.com; Kohlrabi: © imagineilona/stock.adobe.com
S. 50: Rindfleisch: © karandaev/stock.adobe.com; Karotten: © OLESYA TSEYTLIN/stock.adobe.com; Pastinaken: © sarahdoow/stock.adobe.com; Sellerieknolle: © Dmytro/stock.adobe.com
S. 52: Suppengemüse: © Carina Hansen/stock.adobe.com; Fenchelknolle: © MP2/stock.adobe.com; Shiitakepilze: © volff/stock.adobe.com; Ingwer: © Natika/stock.adobe.com; Hühnerkeulen: © Thomas Francois/stock.adobe.com; Karotten: © OLESYA TSEYTLIN/stock.adobe.com; Pastinaken: © kolesnikovserg/stock.adobe.com; Sellerieknolle: © Dmytro/stock.adobe.com
S. 53: Pastinake: © sarahdoow/stock.adobe.com; Staudensellerie: © kovaleva_ka/stock.adobe.com; Karotte: © Valentina R./stock.adobe.com; Fenchel: © MP2/stock.adobe.com; Algen: © Miyuki Satake/stock.adobe.com; Pilze: © volff/stock.adobe.com; Tofu:

© Moving Moment/stock.adobe.com; Frühlingszwiebel: © andersphoto/stock.adobe.com; Miso: © kariphoto/stock.adobe.com; Limette: © rimglow/stock.adobe.com
S. 54: Radieschen: © Cherries/stock.adobe.com; Frühlingszwiebeln: © akepong/stock.adobe.com
S. 56: Kürbis: © PIXbank/stock.adobe.com; Ingwer: © Natika/stock.adobe.com; Koriander: © Scisetti Alfio/stock.adobe.com
S. 58: Gerste: © koosen/stock.adobe.com; Kidneybohnen: © Markus Mainka/stock.adobe.com; Karotten: © angorius/stock.adobe.com; Sellerieknolle: © Dmytro/stock.adobe.com; Lauchstange: © PhotoEd/stock.adobe.com; Rotkohl: © Björn Wylezich/stock.adobe.com; Äpfel: © Natalja Stotika/stock.adobe.com; Ingwer: © Natika/stock.adobe.com; Maroni: © zcy/stock.adobe.com
S. 59: Kidneybohnen: © Markus Mainka/stock.adobe.com; Kichererbsen: © stuartbur/stock.adobe.com; Mais: © Africa Studio/stock.adobe.com; Tomatenpassata: © karandaev/stock.adobe.com; Reisnudeln: © Jiri Hera/stock.adobe.com; Pilze: © volff/stock.adobe.com; Frühlingszwiebel: © andersphoto/stock.adobe.com; Chinakohl: © Margareta/stock.adobe.com; Ingwer: © Natika/stock.adobe.com; Misopaste: © kariphoto/stock.adobe.com
S. 60: Quinoa: © koosen/stock.adobe.com; Brokkoli: © Paulista/stock.adobe.com; Süßkartoffel: © Creatus/stock.adobe.com; Gurke: © by-studio/stock.adobe.com; Granatapfel: © Melica/stock.adobe.com; Mandelblättchen: © ozmen/stock.adobe.com
S. 62: Paprika: © Petra Schueller/stock.adobe.com; Blattspinat: © New Africa/stock.adobe.com; Kichererbsen: © stuartbur/stock.adobe.com; Rote Bete: © ilietus/stock.adobe.com; Gerste: © koosen/stock.adobe.com; Walnüsse: © Tatyana Sidyukova/stock.adobe.com; Feta: © bigacis/stock.adobe.com; Rucola: © margo555/stock.adobe.com
S. 63: Linsen: © osoznaniejizni/stock.adobe.com; Gurke: © by-studio/stock.adobe.com; Joghurt: © Coprid/stock.adobe.com; Salat: © Viktor Lugovskoy/stock.adobe.com
S. 64: Tomaten: © OFC Pictures/stock.adobe.com; Spargel: © supamas/stock.adobe.com; Karotten: © OLESYA TSEYTLIN/stock.adobe.com; Shrimps: © Coprid/stock.adobe.com; Salat: © Swetlana Wall/stock.adobe.com
S. 66: Rindfleisch: © karandaev/stock.adobe.com; Bohnen: © Jacek Fulawka/stock.adobe.com; Frühlingszwiebeln: © akepong/stock.adobe.com; Meerrettich: © kolesnikovserg/stock.adobe.com; Kürbiskernöl: © Alen-Kadr/stock.adobe.com; Kürbiskerne: © sangsiripech/stock.adobe.com; Linsen: © osoznaniejizni/stock.adobe.com; Karotten: © OLESYA TSEYTLIN/stock.adobe.com; Brokkoli: © Paulista/stock.adobe.com; Walnüsse: © Tatyana Sidyukova/stock.adobe.com; Rucola: © margo555/stock.adobe.com; Feta: © bigacis/stock.adobe.com
S. 67: Sojabohnen: © Spectral-Design/stock.adobe.com; Rotkohl: © Björn Wylezich/stock.adobe.com; Karotten: © angorius/stock.adobe.com; Gurke: © by-studio/stock.adobe.com; Pilze: © volff/stock.adobe.com; Erdnüsse: © microstock77/stock.adobe.com; Rotkohl: © Björn Wylezich/stock.adobe.com; Reisnudeln: © Jiri Hera/stock.adobe.com; Karotte: © angorius/stock.adobe.com; Radischen: © bergamont/stock.adobe.com; Frühlingszwiebeln: © akepong/stock.adobe.com; Koriander: © Scisetti Alfio/stock.adobe.com
S. 68: Apfel: © Markus Mainka/stock.adobe.com; Gurke: © by-studio/stock.adobe.com; Salat: © Viktor Lugovskoy/stock.adobe.com; Linsen: © osoznaniejizni/stock.adobe.com; Quinoa: © Drevojan/stock.adobe.com
S. 70: Orangen: © atoss/stock.adobe.com; Ingwer: © Natika/stock.adobe.com; Limette: © rimglow/stock.adobe.com
S. 71: Basilikum: © TheFarAwayKingdom/stock.adobe.com; Parmesan: © maxsol7/stock.adobe.com; Haselnüsse: © Peter Hermes Furian/stock.adobe.com; Erdnussmus: © Pixel-Shot/stock.adobe.com; Ingwer: © Natika/stock.adobe.com
S. 72: Ingwer: © Natika/stock.adobe.com; Erdnussbutter: © Pixel-Shot/stock.adobe.com; Sesamöl: © hjschneider/stock.adobe.com; Sriracha-Sauce: © Andrea/stock.adobe.com; Reisessig: © Africa Studio/stock.adobe.com
S. 72: Hummus: © New Africa/stock.adobe.com; Cashewkerne: © Igor Kovalchuk/stock.adobe.com; Dill: © rdnzl/stock.adobe.com; Senf: © BigNazik/stock.adobe.com
S. 75: Kichererbsen: © stuartbur/stock.adobe.com; Koriander: © Scisetti Alfio/stock.adobe.com; Erbsen: © innafoto2017/stock.adobe.com; Tahini: © Moving Moment/stock.adobe.com; Artischocken: © sarahdoow/stock.adobe.com; Cashewmus: © Peter Hermes Furian/stock.adobe.com; Tomaten: © grey/stock.adobe.com
S. 76: Bohnen: © watkung/stock.adobe.com; Ingwer: © Natika/stock.adobe.com; Sesam: © SIRICHAY-APAT/stock.adobe.com; Bockshornkleesamenpulver: © emuck/stock.adobe.com
S. 78: Pinienkerne: © kolesnikovserg/stock.adobe.com; Parmesan: © Diana Taliun/stock.adobe.com; Lauch: © PhotoEd/stock.adobe.com; Crème fraîche: © rufar/stock.adobe.com; Joghurt: © Coprid/stock.adobe.com
S. 79: Datteln: © igradesign/stock.adobe.com; Ingwer: © Natika/stock.adobe.com; Zimtstange: © domnitsky/stock.adobe.com; Sternanis: © blende11.photo/stock.adobe.com; Selleriestange: © kovaleva_ka/stock.adobe.com
S. 80: Gurke: © by-studio/stock.adobe.com; Erdbeeren: © Parad St/stock.adobe.com; Himbeeren: © maria_bk/stock.adobe.com; Wassermelone: © dizolator/stock.adobe.com; Pfefferminze: © Björn Wylezich/stock.adobe.com; Ingwer: © Natika/stock.adobe.com
S. 82: Rote Bete: © ilietus/stock.adobe.com; Räuchertofu: © Peter Hermes Furian/stock.adobe.com; Feldsalat: © rdnzl/stock.adobe.com; Kichererbsen: © stuartbur/stock.adobe.com
S. 84: Hirse: © xamtiw/stock.adobe.com; Karotten: © angorius/stock.adobe.com; Stangensellerie: © kovaleva_ka/stock.adobe.com; Kresse: © Petra Schueller/stock.adobe.com; Karotten: © angorius/stock.adobe.com; Paprika: © Petra Schueller/stock.adobe.com; Kidneybohnen: © Markus Mainka/stock.adobe.com; Mais: © Africa Studio/stock.adobe.com; Tomaten: © Moving Moment/stock.adobe.com
S. 85: Paprika: © Petra Schueller/stock.adobe.com; Champignons: © zeralein/stock.adobe.com; Tomaten: © Moving Moment/stock.adobe.com; Süßkartoffeln: © nd700/stock.adobe.com; Paprika: © Petra Schueller/stock.adobe.com; Sauerkraut: © ExQuisine/stock.adobe.com; Tomatenmark: © Bernd Schmidt/stock.adobe.com; Tomatenpassata: © karandaev/stock.adobe.com
S. 86: Reis: © mayakova/stock.adobe.com; Feta: © bigacis/stock.adobe.com; Oliven: © Markus Mainka/stock.adobe.com; Champignons: © zeralein/stock.adobe.com; Tomaten: © OFC Pictures/stock.adobe.com; Mandelmus: © jarafoti/stock.adobe.com
S. 88: Ingwer: © Natika/stock.adobe.com; Süßkartoffeln: © nd700/stock.adobe.com; Rote Bete: © ilietus/stock.adobe.com; Brokkoli: © Paulista/stock.adobe.com; Spinat: © New Africa/stock.adobe.com
S. 90: Reis: © mayakova/stock.adobe.com; Weißkohl: © Africa Studio/stock.adobe.com; Kohlrabi: © imagineilona/stock.adobe.com; Blumenkohl: © Lunipa/stock.adobe.com; Koriander: © Scisetti Alfio/stock.adobe.com; Kichererbsen: © stuartbur/stock.adobe.com; Blumenkohl: © Lunipa/stock.adobe.com; Bergkäase: © Dmytro/stock.adobe.com; Eier: © ImagesMy/stock.adobe.com; Tomaten: © OFC Pictures/stock.adobe.com; Tomatenpassata: © karandaev/stock.adobe.com
S. 91: Champignons: © zeralein/stock.adobe.com; Shiitakepilze: © volff/stock.adobe.com; Hirse: © xamtiw/stock.adobe.com; Gemüsebrühe: © pjjaruwan/stock.adobe.com; Hirseflocken: © wojot/stock.adobe.com; Paprika: © Petra Schueller/stock.adobe.com; Feta: © bigacis/stock.adobe.com; Amarant: © rainbow33/stock.adobe.com
S. 92: Weißkohl: © Africa Studio/stock.adobe.com; Grünkohl: © Serhiy Shullye/stock.adobe.com; Champignons: © zeralein/stock.adobe.com; Shiitakepilze: © volff/stock.adobe.com; Koriander: © Scisetti Alfio/stock.adobe.com; Räuchertofu: © Peter Hermes Furian/stock.adobe.com; Tahini: © Moving Moment/stock.adobe.com
S. 94: Paprika: © Petra Schueller/stock.adobe.com; Karotten: © angorius/stock.adobe.com; Kichererbsen: © stuartbur/stock.adobe.com; Tomaten: © Moving Moment/stock.adobe.com
S. 96: Rucola: © margo555/stock.adobe.com; Parmesan: © maxsol7/stock.adobe.com; Zucchini: © tab62/stock.adobe.com; Hühnerbrustfilet: © Joe Gough/stock.adobe.com; Tomaten: © fotos4u/stock.adobe.com
S. 98: Hähnchenschlegel: © Svenja98/stock.adobe.com; Champignons: © zeralein/stock.adobe.com; Spinat: © New Africa/stock.adobe.com; Meerrettich: © kolesnikovserg/stock.adobe.com; Petersilienwurzel: © Leonid Nyshko/stock.adobe.com; Süßkartoffeln: © nd700/stock.adobe.com
S. 99: Rindergulasch: © victoria p./stock.adobe.com
S. 100: Karotten: © pamela_d_mcadams/stock.adobe.com; Fenchel: © photocrew/stock.adobe.com; Traubensaft: © Aleksandr Kurganov/stock.adobe.com; Hühnerkeulen: © Thomas Francois/stock.adobe.com; Dörrplau-men: © robertsre/stock.adobe.com
S. 102: Brokkoli: © Paulista/stock.adobe.com; Pilze: © volff/stock.adobe.com; Koriander: © Scisetti Alfio/stock.

adobe.com; Lachsfilets: © PhotoSG/stock.adobe.com
S. 104: Oliven: © Markus Mainka/stock.adobe.com; Tomaten: © bergamont/stock.adobe.com; Sardinen: © airborne77/stock.adobe.com; Karotten: © OLESYA TSEYTLIN/stock.adobe.com; Sahne: © oriori/stock.adobe.com; Fischfilets: © PhotoSG/stock.adobe.com; Mehl: © kolesnikovserg/stock.adobe.com
S. 105: Tomate: © Jacek Fulawka/stock.adobe.com; Thunfisch: © New Africa/stock.adobe.com; Eier: © Rynio Productions/stock.adobe.com; Parmesan: © maxsol7/stock.adobe.com
S. 106: Süßkartoffeln: © nd700/stock.adobe.com; Tomaten: © OFC Pictures/stock.adobe.com; Mais: © Africa Studio/stock.adobe.com; Käse: © Dmytro/stock.adobe.com; Rucola: © margo555/stock.adobe.com
S. 108: Rosenkohl: © valery121283/stock.adobe.com; Fenchel: © MP2/stock.adobe.com; Karotten: © pamela_d_mcadams/stock.adobe.com; Süßkartoffel: © Creatus/stock.adobe.com; Stangensellerie: © kovaleva_ka/stock.adobe.com; Feta: © bigacis/stock.adobe.com; Sonnenblumenkerne: © Coprid/stock.adobe.com
S. 109: Chinakohl: © Margareta/stock.adobe.com; Ingwer: © Natika/stock.adobe.com; Tahini: © Moving Moment/stock.adobe.com; Sesam: © SIRICHAYAPAT/stock.adobe.com; Lauch: © PhotoEd/stock.adobe.com; Pfefferkörner: © Natallia/stock.adobe.com; Senfkörner: © oxie99/stock.adobe.com; Dill: © rdnzl/stock.adobe.com; Kapernbeeren: © unpict/stock.adobe.com
S. 110: Blumenkohl: © Lunipa/stock.adobe.com; Dinkelmehl: © curto/stock.adobe.com; Speisestärke: © Mara Zemgaliete/stock.adobe.com; Dinkelflakes: © Coprid/stock.adobe.com; Erdnussmus: © Pixel-Shot/stock.adobe.com
S. 112: Grünkern: © photocrew/stock.adobe.com; Spargel: © supamas/stock.adobe.com; Reisblätter: © Coprid/stock.adobe.com; Kresse: © Petra Schueller/stock.adobe.com; Minze: © Björn Wylezich/stock.adobe.com
S. 114: Knollensellerie: © Dmytro/stock.adobe.com; Meersalz: © Alen-Kadr/stock.adobe.com; Kichererbsen: © happy_author/stock.adobe.com; Koriander: © Scisetti Alfio/stock.adobe.com; Natron: © kolesnikovserg/stock.adobe.com
S. 115: Tahini: © Moving Moment/stock.adobe.com; Dinkelmehl: © curto/stock.adobe.com; Weinsteinbackpulver: © kolesnikovserg/stock.adobe.com; Eier: © Rynio Productions/stock.adobe.com; Feta: © bigacis/stock.adobe.com; Tomaten: © grey/stock.adobe.com; Oliven: © Markus Mainka/stock.adobe.com
S. 116: Reis: © mayakova/stock.adobe.com; Walnüsse: © Tatyana Sidyukova/stock.adobe.com; Champignons: © zeralein/stock.adobe.com; Chicorée: © Xavier/stock.adobe.com; Hafersahne: © oriori/stock.adobe.com; Semmelbrösel: © photocrew/stock.adobe.com
S. 118: Birnen: © gitusik/stock.adobe.com; Marzipan: © Creatus/stock.adobe.com; Walnüsse: © Tatyana Sidyukova/stock.adobe.com;
S. 120: Datteln: © oxie99/stock.adobe.com; Kakaopulver: © AnKudi/stock.adobe.com; Kokosflocken: © New Africa/stock.adobe.com; Beeren: © nikitos77/stock.adobe.com; Holundersaft: © Gresei/stock.adobe.com; Traubensaft: © Aleksandr Kurganov/stock.adobe.com; Ingwer: © Natika/stock.adobe.com; Agar-Agar: © Вася Фаевич/stock.adobe.com
S. 121: Birnen: © gitusik/stock.adobe.com; Zucker: © mayakova/stock.adobe.com; Sahne: © oriori/stock.adobe.com; Dinkelgrieß: © kolesnikovserg/stock.adobe.com; Dinkelmilch: © baibaz/stock.adobe.com; Eier: © Rynio Productions/stock.adobe.com; Vanillemark: © Scisetti Alfio/stock.adobe.com; Mandelmus: © jarafoti/stock.adobe.com
S. 122: Rote Bete: © ilietus/stock.adobe.com; Datteln: © oxie99/stock.adobe.com; Haselnüsse: © Peter Hermes Furian/stock.adobe.com; Kakaopulver: © AnKudi/stock.adobe.com; Buchweizenmehl: © curto/stock.adobe.com; Quinoa: © Luis Echeverri Urrea/stock.adobe.com
S. 124: Zucchini: © tab62/stock.adobe.com; Zucker: © mayakova/stock.adobe.com; Eier: © Rynio Productions/stock.adobe.com; Dinkelvollkornmehl: © curto/stock.adobe.com; Mandeln: © joanna wnuk/stock.adobe.com; Backpulver: © kolesnikovserg/stock.adobe.com; Bananen: © TeamDaf/stock.adobe.com; Reismehl: © kolesnikovserg/stock.adobe.com; Haselnüsse: © Peter Hermes Furian/stock.adobe.com; Mandeln: © spaxiax/stock.adobe.com; Walnüsse: © Tatyana Sidyukova/stock.adobe.com; Leinsamen: © kolesnikovserg/stock.adobe.com
S. 125: Äpfel: © Natalja Stotika/stock.adobe.com; Zucker: © mayakova/stock.adobe.com; Mandeln: © joanna wnuk/stock.adobe.com; Saaten: © katrin_timoff/stock.adobe.com; Dinkelmehl: © curto/stock.adobe.com; Weinsteinbackpulver: © kolesnikovserg/stock.adobe.com; Dinkelmehl: © curto/stock.adobe.com; Eier: © ImagesMy/stock.adobe.com; Dinkelmilch: © baibaz/stock.adobe.com
S. 126: Banane: © Andrzej Tokarski/stock.adobe.com; Dinkelmilch: © baibaz/stock.adobe.com; Kakaopulver: © AnKudi/stock.adobe.com; Cashewnüsse: © Igor Kovalchuk/stock.adobe.com; Weizen-/Dinkelgrieß: © kolesnikovserg/stock.adobe.com
S. 128: Süßreis: © koosen/stock.adobe.com; Mandeln: © Moving Moment/stock.adobe.com; Weißer Sesam: © Viktor/stock.adobe.com; Schwarzer Sesam: © SIRICHAYAPAT/stock.adobe.com; Leinsamen: © kolesnikovserg/stock.adobe.com; Chiasamen: © photocrew/stock.adobe.com; Vanillemark: © Scisetti Alfio/stock.adobe.com
S. 129: Feigen: © New Africa/stock.adobe.com; Marillen: © Liaurinko/stock.adobe.com; Datteln: © oxie99/stock.adobe.com; Mandeln: © joanna wnuk/stock.adobe.com; Dinkelflakes: © Coprid/stock.adobe.com; Kokosraspel: © New Africa/stock.adobe.com; Apfelringe: © Andrea/stock.adobe.com; Walnüsse: © Tatyana Sidyukova/stock.adobe.com; Mandeln: © spaxiax/stock.adobe.com; Haselnüsse: © Peter Hermes Furian/stock.adobe.com; Mandelmus: © jarafoti/stock.adobe.com
S. 130: Rhabarber: © Alfred Nesswetha/stock.adobe.com; Erdbeeren: © Parad St/stock.adobe.com; Vanilleschote: © Scisetti Alfio/stock.adobe.com; Datteln: © oxie99/stock.adobe.com; Apfelsaft: © den781/stock.adobe.com
S. 132: Datteln: © oxie99/stock.adobe.com; Erdnussmus: © Pixel-Shot/stock.adobe.com; Haselnüsse: © Peter Hermes Furian/stock.adobe.com; Amaranth: © rainbow33/stock.adobe.com; Kakaopulver: © AnKudi/stock.adobe.com; Karotten: © pamela_d_mcadams/stock.adobe.com; Walnüsse: © Tatyana Sidyukova/stock.adobe.com; Mandeln: © spaxiax/stock.adobe.com; Datteln: © oxie99/stock.adobe.com; Sesam: © Viktor/stock.adobe.com
S. 133: Mandeln: © spaxiax/stock.adobe.com; Rosenblüten: © joanna wnuk/stock.adobe.com; Birnen: © volff/stock.adobe.com; Vanillemark: © Scisetti Alfio/stock.adobe.com

Bibliografische Information der Deutschen Nationalbibliothek
Die Deutsche Nationalbibliothek verzeichnet diese Publikation in der Deutschen Nationalbibliografie; detaillierte bibliografische Daten sind im Internet über http://dnb.d-nb.de abrufbar.

Programmplanung: Uta Spieldiener
Projektmanagement: Elisa Salemi
Redaktion: Annette Barth
Bildredaktion: Christoph Frick, Marie Crämer

Umschlaggestaltung: © Thieme
Layout: CYCLUS · Visuelle Kommunikation, Stuttgart
Konzeption Layout Rezeptseiten: Daniela Sonntag

Bildnachweis:
Covermotiv und Bild S. 6: Daniela Sonntag unter Verwendung von:
Kichererbsen: © Brad Pict/stock.adobe.com
Paprika: © Petra Schueller/stock.adobe.com
Fotos im Innenteil:
AutorInnenfoto: Anna Reschreiter
Foodfotos und Zeichnungen: Daniela Sonntag, Stuttgart
Zutatenfotos: stock.adobe.com (ausführliches Quellenverzeichnis auf S. 137 ff.)

1. Auflage 2023

TRIAS Verlag in Georg Thieme Verlag KG
Rüdigerstraße 14, 70469 Stuttgart, Germany
www.trias-verlag.de

Printed in Germany

Satz und Repro: Fotosatz Buck, Kumhausen
Druck: AZ Druck und Datentechnik GmbH, Kempten

Gedruckt auf chlorfrei gebleichtem Papier

ISBN 978-3-432-11655-6 2 3 4 5 6

Auch erhältlich als E-Book:
eISBN (ePDF) 978-3-432-11656-3

TRIAS, einer der führenden Ratgeberverlage im Bereich Gesundheit, gehört zur Thieme Gruppe, marktführender Anbieter medizinischer Fachinformationen und Services. Anspruch der Thieme Gruppe ist es, den im Gesundheitswesen tätigen Berufsgruppen sowie allen an Gesundheit Interessierten genau die Informationen und Angebote bereitzustellen, die sie in einer bestimmten Arbeitssituation oder Lebensphase benötigen. Durch die hohe Qualität und zielgruppenspezifische Relevanz der angebotenen Leistungen bereitet Thieme den Weg für eine bessere Medizin und mehr Gesundheit im Leben.

Thieme